Susanne Fairlie

Die Beweissicherung im Bauverfahren

Praxis und Theorie des Bau- und Immobilienrechts

Susanne Fairlie

Die Beweissicherung im Bauverfahren

Eine empirische Untersuchung zur baubegleitenden Dokumentation

13

Der juristische Verlag
lexxion
Berlin

Rainer Schröder (Hrsg.)

Bibliografische Information der Deutschen Nationalbibliothek

Die Deutsche Nationalbibliothek verzeichnet diese Publikation in der Deutschen Nationalbibliografie; detaillierte bibliografische Daten sind im Internet über http://dnb.d-nb.de abrufbar.

ISBN: Print 978-3-93 98 04-76-5
E-Book 978-3-869 65-006-7

www.lexxion.de

Umschlag: Christiane Tozman
Satz: typossatz GmbH, Berlin

Vorwort

Diese Arbeit lag der juristischen Fakultät der Humboldt-Universität zu Berlin im Wintersemester 2008/2009 als Dissertation vor. Literatur und Rechtsprechung konnten bis Ende 2008 berücksichtigt werden.

Mein herzlicher Dank gilt meinem Doktorvater Herrn Prof. Dr. Rainer Schröder. Er gab mir die Möglichkeit, selbstständig und eigenverantwortlich wissenschaftlich zu arbeiten und war dabei jederzeit bereit, Anregungen zu geben und fruchtbare Diskussionen zu führen, die diese Arbeit wesentlich beeinflusst haben. Bei Herrn Prof. Dr. Christoph G. Paulus bedanke ich mich für die rasche Erstellung des Zweitgutachtens und bei Herrn Prof. Dr. Hans-Peter Benöhr für die Übernahme des Vorsitzes im Promotionsausschuss.

Schließlich möchte ich mich bei all denen bedanken, die mich anderweitig bei der Entstehung dieser Arbeit unterstützt haben. Insbesondere danke ich den Teilnehmern meiner Fragebogenstudie, ohne die die Arbeit in dieser Form nicht möglich gewesen wäre und meinem Mann Boris, der mir stets ermutigend zur Seite stand.

Berlin, im Mai 2009
Susanne Fairlie

Inhalt

Kapitel 1. Einleitung

A. Einführung und Problemstellung

In keiner Wirtschaftsbranche ist das Verhältnis von Aufträgen zu juristischen Auseinandersetzungen so ungünstig wie in der Baubranche. Das geht soweit, dass – insbesondere bei größeren Bauvorhaben – die Streitigkeiten von allen Parteien schon antizipiert und entsprechende vertragliche und organisatorische Maßnahmen ergriffen werden. Die Ursache für die vielen Streitigkeiten in diesem Gewerbe ist dabei oft schon in der Natur des Bauverfahrens angelegt:[1] Das Errichten oder Verändern eines Bauwerks ist ein technisch komplexer Vorgang mit verschiedenen Gewerken, die zum größten Teil manuell unter hohem Kosten- und Zeitdruck errichtet werden. In vielen Fällen sind für die Gewerke nicht nur verschiedene Personen, sondern gleich verschiedene Auftragnehmer verantwortlich. Die Hauptursache für die technische Komplexität von Bauvorhaben ist weniger die Schwierigkeit der einzelnen Arbeitsschritte (wie beispielsweise bei der Herstellung eines Autos), vielmehr entsteht die Komplexität durch die Abhängigkeit der Gewerke von einander. So hängen beispielsweise die Dacharbeiten über eine Vielzahl von Zwischenstufen bereits von der Fundamentslegung ab. Dazu kommt, dass in der Baubranche aus Kostengründen nicht einfach ein Prototyp des Ergebnisses hergestellt und dem Auftraggeber gezeigt werden kann, sondern vielmehr das endgültige Ergebnis gleich erstellt werden muss. Nicht zuletzt sind viele Bauwerke mit großem emotionalem und finanziellem Engagement des Auftraggebers verbunden.

Am Ende eines Bauverfahrens entspricht daher das Ergebnis häufig entweder nicht dem technischen Standard oder nicht den Vorstellungen des Auftraggebers und es kommt zu einer juristischen Auseinandersetzung.

Stehen dann die Parteien vor Gericht, tauchen neue Probleme auf: Da das Gericht nur aufgrund des seiner Überzeugung nach feststehenden „wahren Lebenssachverhaltes" entscheiden kann (§ 286 Abs. 1 ZPO), müssen die strittigen, meist komplexen technischen Zusammenhänge

1. in einer dem Gericht verständlichen Form vorgetragen und
2. bewiesen werden.

---

1 Haft-Kraus, Handbuch Mediation, § 37 Rn. 1.

Dabei zeigt sich, dass in vielen Fällen nicht so sehr die rechtliche Bewertung, sondern die Aufklärung des tatsächlichen Geschehens und die Beweisführung die eigentlichen Probleme darstellen.[2] So ist es nicht unüblich, dass mitunter zwischen dem Erlass des ersten Beweisbeschlusses bis hin zum endgültigen Abschluss der Beweisermittlung mehrere Jahre vergehen. Daher gibt es in der Praxis und Literatur zahlreiche Klagen über die Schwerfälligkeit und Langwierigkeit von Zivilgerichtsprozessen in Baustreitigkeiten.[3] So sind Verfahrensdauern von einigen Jahren die Regel, nicht die Ausnahme.[4] Dadurch entsteht ein großer volkswirtschaftlicher Schaden, da hier Gelder über lange Zeit gebunden sind und die jeweiligen Bauvorhaben oft nicht oder nur teilweise fortgeführt werden können. Nicht selten meldet eine der Prozessparteien zwischenzeitlich Insolvenz an, so dass u. U. derjenige, der letztlich den Prozess gewinnt, sogar leer ausgeht.

Der folgende Fall mit geradezu anekdotischem Charakter soll diese Problematik verdeutlichen:

„Ein gut situierter Geschäftsmann ließ im Jahre 2000 eine neue Villa für sich und seine Familie errichten. Noch vor Abschluss der Bauarbeiten zeigten sich Mängel, so trat unterhalb der großflächigen Dachterrassen Wasser ein, lief teilweise an den Wänden entlang und tropfte auf den Boden. Zur Abklärung der Ursachen wurde ein Privatgutachten eingeholt. Der Privatgutachter stellte massive Ausführungsfehler bei dem Einbau des Abdichtungssystems fest. Nach Schaffung der erforderlichen rechtlichen Voraussetzungen ließ der Bauherr daraufhin eine neue Abdichtung der Terrasse in Ersatzvornahme erstellen und die Wasserschäden beseitigen. All diese Kosten hat der Bauherr dann vor gut zweieinhalb Jahren gegenüber dem Bauunternehmer eingeklagt, der natürlich nicht freiwillig zahlen wollte. Dieses Verfahren läuft heute noch, momentan ermittelt ein vom Gericht eingesetzter Sachverständiger die Erforderlichkeit der Arbeiten und die Angemessenheit von deren Kosten.

Damit war die Sache aber nicht ausgestanden: Auch nach der Komplettsanierung trat wieder Wasser in der Villa ein, an genau denselben Stellen. Um diesmal sicherzugehen, leitete der Bauherr vor rd. 2 Jahren zusätzlich ein selbstständiges Beweissicherungsverfahren gegenüber dem Bauunternehmer und dem Architekten ein. Auch in diesem Verfahren wurde wieder ein Sachverständigengutachten in Auftrag gegeben. Dieser neue Gutachter stellte nunmehr fest, dass das vom Architekten verwandte Abdichtungssystem an sich nicht für diese Art

---

2 Beisel, Rechtsprobleme bei Streitigkeiten wegen Bauschäden, S. 29; Kniffka, NZBau 2000, 2 (2 ff.), 4; Voth, BauR 1988, 666 (670); Werner/Pastor, Der Bauprozess, Rn. 2589.

3 Statt vieler: Werner/Pastor, Der Bauprozess, Rn. 2589.

4 Voth, BauR 1988, 666 (670).

von Terrassenaufbau geeignet sei. Zudem nahm er aber auch an, dass eine weitere Ursache der fehlerhafte Einbau dieses System gewesen sein könnte, legte sich hier indes nicht genau fest. Daraufhin stellten natürlich sämtliche Beteiligten noch umfangreiche Ergänzungsfragen, über deren rechtliche Zulässigkeit zunächst monatelang gestritten wurde und die dann alle vom Gericht genehmigt wurden. Momentan erstellt der Sachverständige das Ergänzungsgutachten.

Es sind also nunmehr gute 3 Jahre vergangen, es waren bereits drei Gutachter tätig, es schweben 2 Gerichtsverfahren, der Geschäftmann hatte schon immense Kosten und es tropft immer noch auf sein Bett!"[5]

Dieser Fall mag extrem sein. Dennoch sieht man hier sehr anschaulich die typische Verknüpfung von rechtlichen und technischen Problemen.

B. Zielsetzung und Begriffsklärung

Gegenstand der vorliegenden Arbeit ist die Beweissicherung in Bausachen, d. h. die Fragen

- Wann und wie sollen Beweise gesichert werden, damit sie juristisch wirksam sind?
- Welche gerichtliche Wirksamkeit haben welche Beweissicherungsmaßnahmen?

In Anbetracht der geschilderten Ausgangssituation ist dieses Thema von erheblicher Bedeutung für das Baugewerbe. Demgemäß gibt es dazu auch zahlreiche Literatur, in der sowohl die Sicht der Juristen, als auch die der Baupraktiker beleuchtet wird. Der Stand der Literatur zum Thema der Beweissicherung in Bausachen lässt sich wie folgt beschreiben:

5 Dieser anonymisierte Fall basiert auf einem wahren Sachverhalt aus der beruflichen Praxis der Verfasserin.

- Es gibt viele, z. T. sehr detaillierte Ausführungen und Verhaltenshinweise für die an einem Bauprojekt beteiligten Parteien.[6]
- Ebenfalls werden zahlreiche Vorschläge zu einer Verbesserung der bestehenden Situation vor Gericht diskutiert.[7]
- Empirische Studien sind indes nur wenige vorhanden. Diese befassen sich vorwiegend mit dem vom Gericht im Verlauf des Hauptsacheverfahrens zur Beweiserhebung beauftragten Sachverständigen und untersuchen dessen Wirkung auf die Verfahrensdauer und die Entscheidungsfreiheit des Richters.[8]

Dagegen existiert noch keine empirische Untersuchung zur Wirksamkeit der einzelnen Beweissicherungsmaßnahmen an Hand derer sich konkrete Handlungsempfehlungen für die Bauparteien ableiten lassen könnten.

Dieses Manko bietet daher Anlass, die Thematik nun auch unter empirischen Gesichtspunkten näher zu beleuchten.

Die Ziele der vorliegenden Arbeit sind daher,

1. die aktuellen Erkenntnisse zur Beweissicherung in Bausachen zusammenzufassen,

---

6 Zum Beispiel aus juristischer Sicht: Beisel, Rechtsprobleme bei Streitigkeiten wegen Bauschäden, S. 11 ff., 26 ff.; Jacob/Ring/Wolf-Passarge/Warner, Freiberger Handbuch zum Baurecht, 1. Aufl., § 1 A Rn. 549 ff.; Kapellmann, Juristisches Projektmanagement, 2007; Kleine-Möller/Merl/Oelmaier-Oelmaier/Kleine-Möller, Handbuch des privaten Baurechts, 2. Aufl., § 16 Rn. 1 ff.; Kniffka/Koeble, Kompendium des Baurechts, 13. Teil Rn. 1 ff. und 20. Teil Rn. 30 ff.; Leitzke/Ringe, Das baurechtliche Mandat, Bd. 1, § 24 Rn. 23 ff.; Roquette/Otto-Hamann, Vertragsbuch Privates Baurecht, A. III. Rn. 85 ff.; Siegburg, Handbuch der Gewährleistung beim Bauvertrag, Rn. 2127 ff.; Werner/Pastor, Der Bauprozess, Rn. 571 ff.; z. B. aus Sicht des Baupraktikers: Dorn, Systematisierte Aufbereitung von Dokumentationstechniken zur Steuerung von Bauabläufen und zum Nachweis von Bauablaufstörungen, 1997; Plum, Sachgerechter und prozessorientierter Nachweis von Behinderungen und Behinderungsfolgen beim VOB-Vertrag, 1997; zum Beispiel aus beiden Sichtweisen: Vygen/Schubert/Lang, Bauverzögerung und Leistungsänderung, Teil B Rn. 140 ff.

7 Zum Beispiel Bayerlein, BauR 1989, 39 ff.; Bender, DRiZ 1969, 105 ff.; Englert, Referat im Arbeitskreis III des 1. Baugerichtstags, BauR 2006, 1586 ff.; Franzki, DRiZ 1991, 314 ff. und DRiZ 1974, 305 ff.; Kniffka, NZBau 2000, 2 ff.; Krawatt, DRiZ 1972, 203 f.; Marburger, Wissenschaftlich-technischer Sachverstand und richterliche Entscheidung im Zivilprozess, S. 14 ff.; Pieper, ZZP 1971, 1 ff.; Pieper/Breunung/Stahlmann-Pieper, Sachverständige im Zivilprozess, S. 59 ff.; Probst, DRiZ 1975, 362 ff.; Rudolph, JZ 1975, 316 f.; Voth, BauR 1988, 666 ff.

8 Aus den 70er-Jahren: Baumgärtl/Hohmann, Rechtstatsachen zur Dauer des Zivilprozesses (zweite Instanz), 1972; Baumgärtel/Mes, Rechtstatsachen zur Dauer des Zivilprozesses (erste Instanz), 1972; Kruchen, Der gerichtliche Sachverständige als Organ der Zivilrechtspflege, 1973; aus den 80er-Jahren: Breunung, Zur Prozesswirklichkeit des Sachverständigenbeweises im Zivilprozess, 1982; Pieper/Breunung/Stahlmann, Sachverständige im Zivilprozess, 1986; sowie neueren Datums Diederichs, NZBau 2004, 490 ff.

2. erste empirische Grundlagen zur tatsächlichen Situation an Hand einer Befragung zu ermitteln und daraus
3. die Wirksamkeit der einzelnen Beweismaßnahmen zu bewerten.

Da in der Literatur die Begriffe „Beweissicherung“, „Beweisführung“ und „Beweisaufnahme“ teilweise missverständlich verwendet werden, sollen im Folgenden die Begriffe kurz gegenübergestellt werden:

Beweissicherung bezeichnet den Vorgang der vorsorglichen Zustandsfeststellung zu Beweiszwecken, der durch die Partei selbst veranlasst wird. Sie erfolgt entweder schon vor oder auch noch während eines Hauptsacheverfahrens, in dem vom Gericht noch keine Beweiserhebung angeordnet wurde.[9] Hierbei ist zu unterscheiden zwischen der vorsorglichen und der akuten Beweissicherung. Die *vorsorgliche Beweissicherung* erfolgt rein vorbeugend. Das heißt, der bestehende Zustand wird vor Beginn eines Bauprojektes oder gezielt vor dem Beginn einer mit erhöhtem Schadensrisiko verbundenen baulichen Maßnahme festgestellt. Ein Schaden liegt zu diesem Zeitpunkt (noch) nicht vor. Demgegenüber steht die *akute Beweissicherung*. Diese wird von Parteienseite aus eingeleitet, wenn bereits ein Schaden oder eine Störung vorliegen.[10]

Daneben gibt es den Begriff der *Beweisführung*. Die Beweisführung erfolgt erst im Prozess und stellt die Tätigkeit dar, mit der die jeweilige Partei das Gericht mittels ihrer Beweise von dem Vorliegen oder Nichtvorliegen eines bestimmten Sachverhaltes überzeugen will.[11] Die Thematik der Beweissicherung wird im Rahmen dieser Arbeit unter dem Lichte einer später erfolgreichen Beweisführung im Prozess untersucht.

Schließlich gibt es noch die *Beweisaufnahme* bzw. die *Beweiserhebung*. Diese Begriffe bezeichnen den gerichtlichen Verfahrensabschnitt eines Prozesses, in dem der Richter Beweis erhebt.[12] Das Thema der Beweissicherung soll auch unter dem Gesichtspunkt der Möglichkeiten der Einflussnahme auf diesen Vorgang beleuchtet werden.

---

9 Tilch-Arloth, Deutsches Rechtslexikon, Band 1 A–F, S. 817.

10 Philipps/Wieck/Stollhoff, Die vorsorgliche Beweissicherung im Bauwesen, S. 13 f.

11 Tilch-Arloth, Deutsches Rechtslexikon, Band 1 A–F, S. 814.

12 Tilch-Arloth, Deutsches Rechtslexikon, Band 1 A–F, S. 812 und 814.

C. Vorgehensweise

Zunächst wird in Kapitel 2 der aktuelle Erkenntnisstand zur Beweissicherung in Bausachen dargelegt. Dazu werden die einzelnen Beweissicherungsmaßnahmen aus Sicht der Juristen und Baupraktiker kurz vorgestellt. Dann wird erläutert, wie eine möglichst effektive und gerichtsfeste Beweissicherung in einem Bauprojekt erfolgen sollte und es werden die dazu von der Literatur gegebenen Empfehlungen zusammengefasst.

Nachdem damit die Grundlagen und aktuellen Erkenntnisse bekannt sind, wird in Kapitel 3 die im Rahmen der vorliegenden Arbeit zur tatsächlichen Situation der Beweissicherung und der Wirksamkeit einer Baudokumentation durchgeführte Fragebogenstudie vorgestellt. Einleitend werden die mit der Untersuchung verknüpften Ziele und die zugrunde liegenden Hypothesen beschrieben. Dann wird die Vorgehensweise bei der Befragung aufgezeigt und der theoretische Hintergrund der Auswertung der Daten erläutert.

Die in der Befragung gewonnen Ergebnisse werden in Kapitel 4 im Einzelnen dargestellt, analysiert und anhand der in Kapitel 2 dargestellten Erkenntnisse aus der Literatur interpretiert.

Abschließend erfolgt in Kapitel 5 eine Zusammenfassung und Diskussion der erlangten Erkenntnisse.

Kapitel 2. Beweissicherung in Bausachen

A. Darstellung des Problems

I. Allgemeines

Wie in jedem anderen Zivilprozess ist die Entscheidungsgrundlage für das Gericht in Bauverfahren der von den Parteien vorgetragene Lebenssachverhalt.

Im Regelfall ist dieser zwischen den Parteien streitig; jede Partei trägt ihre eigene Variante des Geschehens vor.[13] Daher muss das Gericht zunächst einmal den „wahren" Lebenssachverhalt feststellen. Dazu tritt es in die Beweisaufnahme ein.

Als ersten Schritt muss es hier bestimmen, welche Umstände überhaupt des Beweises bedürfen. Beweisbedürftig sind diejenigen Behauptungen der Parteien zum tatsächlichen Geschehen, die für die Entscheidung relevant und die nicht unstrittig (§ 138 Abs. 3 ZPO) oder zugestanden (§ 288 ZPO) oder bei Gericht offenkundig (§ 291 ZPO), nicht gesetzlich zu vermuten (§ 292 ZPO) oder nach anderen gesetzlichen Vorschriften zu unterstellen sind.[14]

Als zweiten Schritt muss es das bzw. die Beweismittel festlegen. Das normale Beweisverfahren im Zivilprozess wird als Strengbeweis bezeichnet, da es in allen Einzelheiten in der ZPO in den §§ 355 ff. gesetzlich geregelt ist und nur fünf Beweismittel zulässt.[15] Diese sind in einem Bauprozess dieselben wie in jedem anderen Zivilprozess:
- der Augenschein (§§ 371 ff. ZPO),
- der Zeuge (§§ 373 ff. ZPO),
- der Sachverständige (§§ 402 ff.),
- die Urkunde (§§ 415 ff. ZPO)
- und die Parteivernehmung (§§ 445 ff. ZPO).[16]

Für die Prozessvorbereitung ist es wichtig, dass für das Gericht bei der Ermittlung des „wahren" Sachverhaltes im Zivilverfahren der sogenannte Beibrin-

---

13 Förschler, Der Zivilprozess, Rn. 852; Schneider, Beweis und Beweiswürdigung, Rn. 1, 4.

14 Baumbach/Lauterbach/Albers/Hartmann-Hartmann, ZPO, Einf. § 284 Rn. 4; Zöller-Greger, ZPO, Vorbem. zu § 284 Rn. 10.

15 Schellhammer, Zivilprozess, Rn. 509.

16 Werner/Pastor, Der Bauprozess, Rn. 2622.

gungsgrundsatz die Grenze für das Gericht darstellt. Dies bedeutet, dass das Gericht an die von den Parteien vorgetragenen Tatsachen, Beweismittel und -anträge gebunden ist. Allein diesen hat es nachzugehen und seinen Ermittlungen zugrunde zu legen. Es darf nicht von sich aus den Sachverhalt erforschen.[17] Falls die Parteien also Tatsachen weggelassen oder mögliche Beweismittel nicht erwähnen, so existieren diese für die gerichtliche Entscheidungsfindung schlichtweg nicht. Allein in wenigen, vom Gesetz ausdrücklich vorgesehen Ausnahmefällen ist eine Beweiserhebung von Amts wegen möglich.[18]

Allerdings ist auch in all diesen Ausnahmefällen das Gericht immer noch an den von den Parteien vorgetragenen Sachverhalt gebunden und darf nur dessen Wahrheitsgehalt erkunden. Für die Prozessparteien bedeutet dies, dass sie selber dafür sorgen müssen, den relevanten Sachverhalt vollständig vorzutragen und für den Falle des Bestreitens durch die Gegenseite die entsprechenden Beweismittel zu nennen und -anträge zu stellen.

Weiterer Grundsatz ist, dass die Parteien im Zivilverfahren im Regelfall ihre beweisbedürftigen Behauptungen nicht nur vortragen, sondern auch beweisen müssen.[19] Dies bedeutet, dass das Gericht zur vollen Überzeugung hinsichtlich der Wahrheit der streitigen, relevanten Behauptungen kommen muss (§ 286 Abs. 1 ZPO). Überzeugung bedeutet dabei allerdings nicht, dass absolute, von jeglichem Zweifel freie Gewissheit vorliegen muss, doch das bloße „für Wahrscheinlichhalten“ reicht noch nicht aus. Die Rechtsprechung verlangt einen „für das praktische Leben brauchbaren Grad von Gewissheit, der vernünftigen Zweifeln Schweigen gebietet, ohne sie völlig auszuschließen“.[20]

Es ist daher für die Parteien von großer Bedeutung, im Falle eines Streites ihre Behauptungen gegenüber dem Gericht beweisen zu können, im Regelfall mit den benannten Beweismitteln des Strengbeweises. Ansonsten nützt Ihnen u. U. ihre gute materielle Rechtsposition überhaupt nichts und sie unterliegen trotzdem im Prozess. Sie müssen sich daher um eine möglichst umfassende Sicherung der Beweise kümmern. Frühester Zeitpunkt ist bereits während der Anbahnung und Durchführung des Bauprojektes. Das heißt, die Parteien können mögliche Beweise sicherheitshalber schon präventiv aufnehmen, bevor irgend-

---

17 Baumbach/Lauterbach/Albers/Hartmann-Hartmann, ZPO, Einf. § 284 Rn 5; Zöller-Greger, ZPO, Vorbem. zu § 284 Rn. 2.

18 Baumbach/Lauterbach/Albers/Hartmann-Hartmann, ZPO, Einf. § 284 Rn. 5; Zöller-Greger, ZPO, Vorbem. zu § 284 Rn. 2.

19 BGH NJW 1970, 946 (948); BGH NJW 1997, 1988.

20 BGH NJW 1970, 946 (948); BGH NJW 1982, 2874 (2875); BGH NJW 1993, 935 (937); BGH NJW-RR 1994, 567 (567 f.).

welche Mängel, Verzögerungen oder ähnliches aufgetreten sind. Auf diese Beweise kann dann im Falle eines Streites zurückgegriffen werden. Obwohl dies überall in der einschlägigen Literatur[21] empfohlen und sogar mehrfach in der VOB/B[22] gefordert wird, zeigt die Praxis indes, dass die Parteien darauf oft verzichten, wie weiter unten erläutert.[23]

II. Besondere Probleme der Beweissicherung in Bausachen

Der Hauptgrund der Schwierigkeit der Beweissicherung bei Bausachen liegt in der Natur der Sache:[24]

- Baumaßnahmen sind meist komplizierte, technische Vorgänge, bei denen eine Vielzahl von Parteien, vom Architekten über den Gerüstbauer bis hin zum Lieferanten der Regenrinne involviert sind,
- viele Ereignisse und Maßnahmen auf vorangegangenen Ergebnissen beruhen, d. h. bspw. die Dacharbeiten über eine Vielzahl von Zusammenhängen und technischen Abhängigkeiten bereits auf der Fundamentslegung basieren,
- äußere, nicht unbedingt vorhersehbare bzw. bis ins letzte Detail kalkulierbare Umstände wie bspw. das Wetter oder der Baugrund Einfluss nehmen,
- es zwischen den Wünschen des Bauherrn, der Planung des Architekten und der Ausführung durch die einzelnen Bauunternehmer zu einer Vielzahl von Missverständnissen und Fehlern kommen kann,
- nicht zuletzt oft einfach eine große Vielzahl von mündlichen Vereinbarungen, schriftlichen Verträgen, Nachtrags- oder Ergänzungsvereinbarungen, häufig mit einer Vielzahl von Einzelpositionen vorliegen
- und dazu noch vielfältige weitere Vertragsbeziehungen zu Dritten, wie beispielsweise Banken, Versicherungsunternehmen oder Maklern bestehen.

---

21 So beispielsweise: Heiermann/Franke/Knipp-Kochendörfer/Viering, Baubegleitende Rechtsberatung, S. 676; Kapellmann/Schiffers, BauR 1986, 615 (616); Kapellmann/Schiffers, Vergütung, Nachträge und Behinderungsfolgen beim Bauvertrag, Rn. 6, Rn. 1608; Kleine-Möller/Merl/Oelmaier-Oelmaier/Kleine-Möller, Handbuch des privaten Baurechts, 2. Auflage, § 16 Rn. 1; Korbion-Berger, Baurecht, Teil 17 Rn. 31; Kuffer/Wirth-Fuchs, Handbuch Fachanwalt, Teil 1 A, Rn. 211 ff.; Philipps/Wieck/Stollhoff, Die vorsorgliche Beweissicherung im Bauwesen, S. 17 und 203; Schmalzl, BauR 1970, 203; Vygen/Schubert/Lang, Bauverzögerung und Leistungsänderung, Teil B Rn. 140.

22 Zum Beispiel in §§ 2 Nr. 6 Abs. 1, 4 Nr. 3, 4 Nr. 10, 6 Nr. 1.

23 Beisel, Rechtsprobleme bei Streitigkeiten wegen Bauschäden, S. 4; Kleine-Möller/Merl/Oelmaier-Oelmaier/Kleine-Möller, Handbuch des privaten Baurechts, 2. Auflage, § 16 Rn. 1; Kniffka, NZBau 2000, 2, 5.

24 Haft-Kraus, Handbuch Mediation,§ 37 Rn. 15.

In den meisten Fällen lässt sich der Eintritt eines Ereignisses wie beispielsweise das Auftreten eines Mangels nicht auf genau einen verursachenden Auslöser zurückführen, sondern es liegt eine multikausale Ursachenkette zugrunde.

Durch diese vielfachen und oft komplexen Verflechtungen ist schon die bloße Ermittlung des reinen Sachverhalts in den meisten Fällen sehr kompliziert. Erst recht wird es schwierig, dafür dann auch noch ausreichende Beweise zu haben. Eine besondere Schwierigkeit ergibt sich noch dadurch, dass teilweise sogar aufgrund des Baufortschrittes im Nachhinein eine Beweissicherung überhaupt nicht mehr oder nur noch unter erschwerten Bedingungen möglich ist.[25] Die Praxis zeigt, dass die Parteien nur selten vorbeugen und bereits eine präventive Beweissicherung durchführen.[26] Oft erheben sie die später für einen Prozess erforderlichen Beweise gar nicht oder erst verspätet.[27] Dies liegt vor allem an folgendem: Das Personal vor Ort ist oft nicht genügend angewiesen und ausgebildet, um eine ausreichende Dokumentation zu erstellen. Vor allem aber verhindern oft die zu knappen zeitlichen und finanziellen Ressourcen eine rechtzeitige und ausreichende Beweissicherung. Schließlich fehlt bei den Parteien häufig die Erkenntnis der Bedeutung und Wichtigkeit dieser Aufgaben. Nicht selten vertrauen sie einfach darauf, dass sich die andere Seite schon vertragsgemäß verhalten werde.[28]

Damit gehen die Parteien häufig schon nicht genügend vorbereitet in den Gerichtsprozess.

Der Richter im Hauptprozess kann diese Versäumnisse nicht ausgleichen.[29] Zwar kann und wird in der Mehrzahl der baurechtlichen Klageverfahren ein gerichtliches Sachverständigengutachten eingeholt, um technische Fragen aufzuklären.[30] Doch dies erfolgt erst nach Anordnung durch das Gericht. Ziel ist hier nicht mehr die Sicherung von Beweisen zugunsten einer Partei, sondern es soll allein der Wahrheitsgehalt der von ihr behaupteten Tatsachen untersucht werden. Die Fragen an den Sachverständigen sind vom Gericht vorgegeben und es ist insbesondere keine Ausforschung des Geschehens mehr zulässig.[31] Ferner

---

25 Beisel, Rechtsprobleme bei Streitigkeiten wegen Bauschäden, S. 4; Philipps/Wieck/Stollhoff, Die vorsorgliche Beweissicherung im Bauwesen, S. 17; Werner/Pastor, Der Bauprozess, Rn. 1.

26 Beisel, Rechtsprobleme bei Streitigkeiten wegen Bauschäden, S. 4; Kniffka, NZBau 2000, 2 (5).

27 Beisel, Rechtsprobleme bei Streitigkeiten wegen Bauschäden, S.4.

28 Kniffka, NZBau 2000, 2 (5).

29 Kniffka, NZBau 2000, 2 (5).

30 Kniffka, NZBau 2000, 2 (4); Werner/Pastor, Der Bauprozess, Rn. 2634.

31 Werner/Pastor, Der Bauprozess, Rn. 2642.

ist es aufgrund des Baufortschrittes und des längeren Zurückliegen des Geschehens für den Gerichtssachverständigen teilweise schlichtweg einfach nicht mehr möglich, bestimmte Zustände festzustellen oder Ursachenzusammenhänge aufzuklären. Falls der Gerichtsgutachter zu für sie negativen Ergebnissen kommt, befindet sich die Partei schon mitten in einem Prozess und muss die damit für sie verbundenen Nachteile wie bspw. das vollständige oder teilweise Unterliegen in dem Verfahren tragen. Hätte sie demgegenüber selber schon vor dem Verfahren die Beweislage untersucht und gesichert, so hätte sie sich entsprechend verhalten können und bspw. gleich einen geringen Anspruch eingeklagt. Oder ggf. wäre es der Partei zu dem Zeitpunkt noch möglich gewesen, die Beweise umfassend genug zu sichern.

B. Möglichkeiten der außergerichtlichen Beweissicherung in Bausachen

Bei der Wahl der geeigneten Beweismaßnahme gilt zunächst folgende Faustregel: „Je schneller das Beweismittel ist, desto unsicherer ist es“.[32] Im Einzelfall muss daher stets zwischen der Verwertbarkeit und Beweiskraft in einem späteren Gerichtsprozess auf der einen und der erforderlichen Schnelligkeit des Einsatzes auf der anderen Seite abgewogen werden.[33] Beispielsweise kann es bei einem kleinen Schaden erheblich günstiger für die Partei sein, eine nicht so sichere, dafür aber schnellere Beweissicherungsmaßnahme wie ein Foto zu wählen und damit eine Stilllegung der Baumassnahmen beispielsweise zwecks Begutachtung durch einen Sachverständigen zu vermeiden. Umgekehrt kann es bei einem schon offenkundig größeren Schaden im Endergebnis empfehlenswerter sein, zugunsten einer umfassenden Abklärung und Beweissicherung beispielsweise durch einen Sachverständigen eine längere Bauunterbrechung und die damit verbundenen Verluste in Kauf zu nehmen.

Zu den Möglichkeiten nun im Einzelnen:

32 Leitzke/Ringe, Das baurechtliche Mandat, § 23 Rn. 11.

33 Leitzke/Ringe, Das baurechtliche Mandat, § 23 Rn. 23.

I. Urkunde

1. Grundlagen/Anwendung in der Praxis und Bedeutung

Mittels einer Urkunde können Willenserklärungen und Gedankeninhalte am einfachsten, billigsten und grundsätzlich zuverlässigsten zu Beweiszwecken festgehalten werden.[34]

Die ZPO regelt die Urkunde als Beweismittel in den §§ 415 ff. Als eine Urkunde im Sinne der Zivilprozessordnung gilt eine durch Niederschrift verkörperte Gedankenerklärung, die geeignet ist, streitigen Parteivortrag zu beweisen.[35] So erklären die Parteien beispielsweise in einem schriftlichen Bauvertrag, das Bauvorhaben zu den dort aufgeführten Bedingungen miteinander durchführen zu wollen.

Aufgrund der Vielzahl der an einem Bauprojekt beteiligten Parteien entstehen allein schon durch den normalen Geschäftsgang viele Urkunden wie beispielsweise

- schriftliche Vertragsangebote und -annahmen,
- Leistungsverzeichnisse,
- etwaige Vertragsänderungen,
- Niederschriften,
- Stundenlohnzettel,
- Übergabeprotokolle,
- das Bautagebuch,
- Planlieferlisten,
- Besprechungsprotokolle,
- Ist/Soll Vergleiche,
- Mängel- und Behinderungsanzeigen,
- Inverzugsetzungen,
- Planänderungstestate und
- Abnahme-/Teilabnahmeprotokolle.

Das Gericht ist bei der Würdigung dieses Beweismittels nicht frei: Zunächst besteht eine Bindung durch die tatsächliche Vermutung zwischen den Vertragsparteien, dass die unterschriebene Vertragsurkunde die Willenserklärungen der

34 Kleine-Möller/Merl/Oelmaier-Oelmaier/Kleine-Möller, Handbuch des privaten Baurechts, 2. Aufl., § 16 Rn. 1.

35 BGH MDR 1976, 304.

Parteien vollständig und richtig wiedergebe.[36] Falls eine Partei ein ihr günstiges Auslegungsergebnis auf außerhalb der Urkunde liegende Umstände stützt, so trägt sie hierfür die Beweislast.[37] Ferner ist das Gericht an die in den §§ 415–418, 286 Abs. 2, 437 Abs. 1 und 440 Abs. 2 ZPO enthaltenen gesetzlichen Beweisregeln bzw. Vermutungen gebunden.

Um die im Verlauf eines Bauprojektes erlangten Privatdokumente im Falle einer gerichtlichen Auseinandersetzung als Beweismittel einsetzen zu können, ist bereits während der Entstehung dieser Schriftstücke darauf zu achten, dass die wesentlichen Anforderungen an eine Privaturkunde eingehalten werden. Zu beachten sind in diesem Zusammenhang vor allem folgende Hinweise:
Zunächst muss das Schriftstück vom Aussteller unterschrieben sein, da dies eine der Hauptvoraussetzungen für die Beweiskraft einer Privaturkunde ist (§ 416 ZPO). Soll darüber hinaus nicht nur die Willenserklärung allein, sondern auch die Abgabe derselben gegenüber der anderen Partei bewiesen werden, so ist die Privaturkunde allein nicht ausreichend. Denn gemäß § 130 Abs. 1 Satz 1 BGB wird eine Willenserklärung, die einem anderen gegenüber abzugeben ist, bei dessen Abwesenheit bei der Abgabe erst wirksam, wenn sie ihm auch zugeht. Für den Zugang einer Willenserklärung ist es erforderlich, dass diese derart in den Machtbereich des Empfängers gelangt ist, dass bei Annahme gewöhnlicher Verhältnisse mit der Kenntnisnahme durch den Empfänger zu rechnen ist.[38] Im Bestreitensfall muss daher der Zugang der Erklärung bei der anderen Partei sowie ggf. dessen Zeitpunkt belegt werden. Sicherste Variante ist die Zustellung durch Vermittlung des Gerichtsvollziehers.[39]

Ferner kann mit der von einer Partei alleine – beispielsweise durch Bautagebücher – durchgeführten Dokumentation nur bewiesen werden, dass der Aussteller erklärt hat, die enthaltenen Feststellungen getroffen zu haben (vgl. § 416 ZPO). Ob diese jedoch der Wahrheit entsprechen, kann anhand der Vorlage der Urkunde nicht bewiesen werden.[40] Der materielle Inhalt einer Urkunde unterliegt der freien Beweiswürdigung des Gerichtes.[41] Um die Beweiskraft zu erhöhen,

---

36 BGH NJW 1956, 665; BGH NJW 1999,1702; BGH NJW 2002, 3164 (3164 f.).

37 BGH NJW 1980, 1680 (1681); OLG Köln VersR 1997, 597.

38 So absolut h. M.: BGHZ 67, 271 (275); BGHZ 137, 205 (208); BGH NJW 80, 990; BGH NJW 1983, 929 (930); BGH NJW 2004, 1320; MünchKomm-Einsele, BGB, § 130 Rn. 16; Palandt-Heinrichs, BGB, § 130 Rn. 5.

39 Staudinger-Singer/Benedict, Kommentar zum BGB, Buch 1, Allgemeiner Teil, § 130 Rn. 107; Hohmeister, JA 1999, 260 (261).

40 RGZ 73, 276 (279 f.); BayObLG NJW-RR 1990, 210 (211); OLG Düsseldorf NJW-RR 1996, 361; OLG Hamburg MDR 1999, 375; OLG Hamm OLGZ 91, 23 (25); LG Karlsruhe MDR 1978, 667.

41 BGH NJW 1986, 3086; BGH WM 1993, 1801; BGH NJW-RR 1993, 1379 (1380).

empfiehlt es sich daher, möglichst von der Gegenseite die getroffenen Feststellungen durch deren Unterschrift bestätigen zu lassen. Je nach den Umständen des Einzelfalles ist es dann Auslegungsfrage, ob diese Bestätigung

- ein deklaratorisches Anerkenntnis darstellt, mit dem für den Unterzeichner alle bekannten Einwendungen und Einreden gegen den Anspruch ausgeschlossen sind, die er bei Abgabe seiner Erklärung kannte oder mit denen er zumindest rechnete,[42]
- oder ob mit dieser ein deklaratorisches Anerkenntnis begründet wird, welches immerhin eine Beweislastumkehr zugunsten des Ausstellers zu Folge hat,[43]
- oder ob sie eine reine Wissenserklärung ohne rechtsgeschäftlichen Verpflichtungswillen beinhaltet, in der zumindest ein vom Gericht nach § 286 ZPO zu würdigendes Indiz zu sehen ist, das für das Vorliegen der mittels der Urkunde behaupteten Tatsachen spricht.[44]

2. Wichtige Beispiele

a. Bautagebuch

Eine besonders wichtige Rolle bei der Beweisführung durch Privaturkunden nimmt das Bautagebuch ein.[45] Das Bautagebuch wird von dem Bauleiter oder dem Polier als Teil der Baudokumentation auf der Baustelle geführt, um das tägliche Baugeschehen festzuhalten. Im Regelfall wird es vom Auftragnehmer erstellt.[46] Es ist die essentielle Grundlage für das Gelingen eines substantiierten Parteivortrags in einem ggf. folgenden Gerichtsprozess. Demzufolge wird sowohl von Auftraggeber- als auch von Auftragnehmerseite die Führung eines Bautage-

42 So bspw. bejaht für den Prüfvermerk des Bauherrn unter der Schlussrechnung des Unternehmers: OLG Karlsruhe BauR 1998, 403.

43 So bspw. bejaht für Unterschrift des Auftraggebers unter Stundenlohnzettel des Auftragnehmers: BGH BauR 1970, 239 (240); KG NZBau 2003, 36 (36 f.).

44 BGHZ 66, 250 (254 f.); Palandt-Sprau, BGB, § 781 Rn. 6.

45 Vgl. z. B. OLG Düsseldorf NJW-RR 2003, 455 (456 f.); Dorn, Systematisierte Aufbereitung von Dokumentationstechniken zur Steuerung von Bauabläufen und zum Nachweis von Bauablaufstörungen, S. 103; Heiermann/Franke/Knipp-Kochendörfer/Viering, Baubegleitende Rechtsberatung, S. 682; Werner/Pastor, Der Bauprozess, Rn. 2630.

46 Heiermann/Franke/Knipp-Kochendörfer/Viering, Baubegleitende Rechtsberatung, S. 682; Kapellmann/Schiffers, Vergütung, Nachträge und Behinderungsfolgen beim Bauvertrag, Rn. 1235 ff.

buches für zwingend erforderlich gehalten.[47] Bei Vereinbarung der Erbringung der Leistungen der Leistungsphase 8 der HOAI ist die Bauleitung sogar ausdrücklich zur Erstellung eines Bautagebuches verpflichtet.

Das Bautagebuch sollte zumindest Angaben zu folgenden Umständen auf der Baustelle enthalten, um die wesentlichen Informationen wiederzugeben:

- Datum,
- Wetter (Temperatur, Bewölkung, Niederschlag),
- Akteuren vor Ort (Anzahl, Qualifikation),
- Arbeitszeit,
- Arbeitsgeräten vor Ort,
- eventuellen Witterungsausfallzeiten,
- ausgeführten Tätigkeiten bzw. Fertigstellungsdaten für genau bezeichnete Arbeitsabschnitte,
- auf der Baustelle zur Durchführung der Baumaßnahmen und zur Anwendung der Bauvertrages getroffenen Regelungen wie beispielsweise Anordnungen des Auftragnehmers oder seiner bevollmächtigten Erfüllungsgehilfen,
- eventuell aufgetretenen Umständen, die auf den Bauablauf störende, behindernde oder verzögernde Einflüsse haben könnten,
- eventuellen Behinderungen oder Baustillständen, deren Dauer und die davon unmittelbar betroffenen Kapazitäten,
- dem Ende einer aufgetretenen Behinderung, um dadurch später diese Störung eingrenzen zu können.[48]

---

47 Dorn, Systematisierte Aufbereitung von Dokumentationstechniken zur Steuerung von Bauabläufen und zum Nachweis von Bauablaufstörungen, S. 103; Heiermann/Franke/Knipp-Kochendörfer/Viering, Baubegleitende Rechtsberatung, S. 682; Kapellmann/Schiffers, Vergütung, Nachträge und Behinderungsfolgen beim Bauvertrag, Rn. 1235 ff.

48 Heiermann/Franke/Knipp-Kochendörfer/Viering, Baubegleitende Rechtsberatung, S. 683; Vygen/Schubert/Lang, Bauverzögerung und Leistungsänderung, Teil B Rn. 157; vgl. auch Beispielsformular bei Kapellmann/Schiffers, Vergütung, Nachträge und Behinderungsfolgen beim Bauvertrag, Rn. 1238, Abbildung 36 a, S. 562.

Zur Veranschaulichung nachfolgend ein Beispiel für eine Bautagebuchseite:[49]

Bautagesbericht - Nr.	Datum	

Freigestellter : **ARGE -Nr.:**

Maßnahme :

Bauunternehmen: Bauüberwachung:
Verantwortl. Bauleiter: Verantwortlicher Ingenieur:

Arbeitsbedingungen:

Temperatur: °C | Beschreibung des Wetters:
Niederschlag: l/m_

Eingesetzte Arbeitskräfte und Maschinen:

Eingesetzte Arbeitskräfte			Aufsicht	Maschinenführer	Facharbeiter	Helfer	Sonst.
von	Uhr bis	Uhr					
von	Uhr bis	Uhr					
von	Uhr bis	Uhr					

Eingesetzte Maschinen:

Erbrachte Leistungen:

Pos.	Vertragliche Leistung	Menge	Einheit	Bemerkungen	Fertigst.
Pos.	Vertragliche Leistung	Menge	Einheit	Bemerkungen	Fertigst.

Materialeingang (gemäß beiliegenden Lieferscheinen):

Bemerkungen:

(Unterschrift Bauunternehmen)	(Datum)	(Unterschrift Bauüberwachung)	(Datum)

Abbildung 2-1 Ausschnitt Bautagebuch (Beispiel)

49 Entnommen von: Umweltministerium Sachsen, URL: http:/www.umwelt.sachsen.de/lfug/documents/ Gliederung der Anlagen im Projekthandbuch.htm (abgerufen am 3.1.2008).

Idealerweise lässt sich der Auftragnehmer seine Feststellungen durch die Unterschrift des Auftragebers bestätigen, um so die Beweiskraft des Bautagebuchs vor Gericht zu erhöhen.

b. Planlieferungsliste

Weiteres wichtiges begleitendes Dokumentationsmittel ist die Planlieferliste.

In der Planlieferungsliste werden zunächst die Solldaten der Lieferung der für die Bauausführung maßgebenden Pläne zusammengestellt und dann die tatsächlichen Lieferdaten der freigegebenen Pläne eingetragen. Auf diese Weise erfolgt eine laufende Kontrolle des Planungsstandes und der Einhaltung der Planliefertermine.[50]

Auch hier empfiehlt es sich, dass sich der Auftragnehmer seine Feststellungen durch die Gegenzeichnung des Auftraggebers bestätigen lässt, um so die Beweiskraft vor Gericht zu erhöhen.

Folgende Punkte sollten bei der Erstellung beachtet werden:

- Um Missverständnissen vorzubeugen, sollte eine einheitliche Planbezeichnung und -nummerierung in dem gesamten Bauprojekt vorgenommen werden.
- Um eine Abänderung zu kennzeichnen, sollte der geänderte Plan bei gleich bleibender Plannummer einen neuen Index erhalten (zum Beispiel Plan 11 B statt 11 A) und es sollte die Art der vorgenommenen Änderung auf dem Plan direkt vermerkt werden.
- Ferner sollte eine wesentliche Änderung eines Planes auch in der Planlieferungsliste eingetragen werden, um so einen Beleg für damit eventuell verbundene Mehrkosten zu schaffen.
- Zur exakten Dokumentation sollten die eingehenden Pläne einen Eingangsstempel bzw. Eingangsvermerk mit Datum erhalten und das Eingangsdatum sogleich in der Planlieferliste vermerkt werden.
- Auch das Freigabedatum des Arbeitgebers bzw. von dessen Bevollmächtigen sollte aufgenommen werden, um zu gewährleisten, dass nur freigegebene Pläne in die Ausführung gelangen.

---

50 Dorn, Systematisierte Aufbereitung von Dokumentationstechniken zur Steuerung von Bauabläufen und zum Nachweis von Bauablaufstörungen, S. 92 f.; Heiermann/Franke/Knipp-Kochendörfer/Viering, Baubegleitende Rechtsberatung, S. 680.

- Die eingehenden Pläne sollten dahingehend überprüft werden, ob sie tatsächlich schon ausführungsreif sind und nicht noch wesentliche Details fehlen oder Unklarheiten geklärt werden müssen.
- Um eine nachträglich oft erheblich mühsamere und zeitintensivere Rekonstruktion zu vermeiden, empfiehlt es sich, die benannten Angaben sofort nach Eingang des jeweiligen Planes in die Planlieferungsliste aufzunehmen.[51]

Zur Veranschaulichung nachfolgend ein Beispiel für eine Planlieferungsliste:[52]

Auftraggeber: Eheleute Schulz Schutzstr. 1, 12350 Musterstadt	Baustelle: EFH Fam. Schulz Musterweg 18, 12345 Musterhausen

Planlieferungsliste Blatt - Nr. 2 .... Stand 22.12.1997 ....

Plan-Nr	Index	Planbezeichnung	SOLL-Liefertermin	IST-Liefertermin	Status [1]	Bemerkung	Weitergabe an	am
S 1		Schalplan Bodenplatte	08.12.97	11.12.97	Frei			
B 1	a	Bewehrungsplan Bodenplatte	08.12.97	11.12.97	VA			
	b		16.12.97	15.12.97	PmB	[illegible]		
	c		16.12.97	18.12.97	Frei			

Abbildung 2-2 Beispiel für eine Planlieferungsliste

c. Baubesprechungsprotokoll

Im Verlaufe jeden Bauprojektes finden zwischen den Baubeteiligten in mehr oder minder regelmäßigen Abständen mündliche Baubesprechungen statt. Idealerweise nehmen daran die örtliche Bauaufsicht, die Planer, die rechtsverbindlichen Vertreter der beauftragten Firmen und sonstige ev. Betroffene (z. B. auch Nachbarn etc.) teil. Der Bauherr sollte zumindest durch seine Vertreter mit anwesend sein. Die Baustellenbesprechung dient vor allem dazu, gegenseitig die neuesten Informationen auszutauschen, die Arbeiten sämtlicher am Bau Beteiligter aufeinander abzustimmen und letzte Ausführungsdetails bzw. auftretende Probleme gemeinsam zu lösen. In der Regel werden die besprochenen Punkte in einem Protokoll festgehalten.[53]

---

51 Heiermann/Franke/Knipp- Kochendörfer/Viering, Baubegleitende Rechtsberatung, S. 680 f.

52 Vygen/Schubert/Lang, Bauverzögerung und Leistungsänderung, Teil B Rn. 160 Abbildung 26.

53 Heiermann/Franke/Knipp-Kochendörfer/Viering, Baubegleitende Rechtsberatung, S. 682.

Folgende Hinweise sollten bei der Protokollierung berücksichtigt werden:

- Zur besseren Koordination sollten bereits im Vorfeld der Besprechung die Themen und die einzuladenden Teilnehmer festgelegt werden.[54]
- Es sollte zu jeder Baubesprechung ein Protokoll erstellt und dies zur besseren Übersichtlichkeit fortlaufend durchnummeriert werden.[55]
- Inhaltlich sollten aus dem Protokoll sämtliche in der Besprechung abgeklärten Punkte und getroffenen Vereinbarungen hervorgehen.[56]
- In den Besprechungen sollte auf den aktuellen Leistungsstand, sämtliche Leistungsänderungen, Behinderungen, die Möglichkeit störungsbedingter Verzögerungen und eventuell bestehende Nachforderungen hingewiesen werden, damit sie sämtliche Beteiligte zur Kenntnis nehmen. Dies sollte durch eine Aufnahme in das Protokoll entsprechend dokumentiert werden.[57]
- Um Streit über die Auffassung der festgehaltenen Dinge zu vermeiden und eine Verbindlichkeit zu erreichen, sollte die Richtigkeit des Protokolls entweder gleich am Ende der Besprechung von allen Teilnehmern unterschriftlich bestätigt[58] oder das Protokoll dann in der jeweils nächsten Besprechung genehmigt bzw. verabschiedet[59] bzw. eventuelle Korrekturwünsche aufgenommen werden.[60]
- Das Protokoll sollte im Anschluss an die Besprechung möglichst kurzfristig an alle Baubeteiligten (an die Teilnehmer, aber auch an alle nicht Anwesenden etc.) verteilt werden, um alle nachweislich über die besprochenen Punkte zu

---

54 Heiermann/Franke/Knipp-Kochendörfer/Viering, Baubegleitende Rechtsberatung, S. 681.

55 Heiermann/Franke/Knipp-Kochendörfer/Viering, Baubegleitende Rechtsberatung, S. 682; Vygen/Schubert/Lang, Bauverzögerung und Leistungsänderung, Teil B Rn. 160.

56 Dorn, Systematisierte Aufbereitung von Dokumentationstechniken zur Steuerung von Bauabläufen und zum Nachweis von Bauablaufstörungen, S. 114; Heiermann/Franke/Knipp-Kochendörfer/Viering, Baubegleitende Rechtsberatung, S. 682; Vygen/Schubert/Lang, Bauverzögerung und Leistungsänderung, Teil B Rn. 160.

57 Dorn, Systematisierte Aufbereitung von Dokumentationstechniken zur Steuerung von Bauabläufen und zum Nachweis von Bauablaufstörungen, S. 114; Heiermann/Franke/Knipp-Kochendörfer/Viering, Baubegleitende Rechtsberatung, S. 682; Vygen/Schubert/Lang, Bauverzögerung und Leistungsänderung, Teil B Rn. 160.

58 Dorn, Systematisierte Aufbereitung von Dokumentationstechniken zur Steuerung von Bauabläufen und zum Nachweis von Bauablaufstörungen, S. 114.

59 Heiermann/Franke/Knipp-Kochendörfer/Viering, Baubegleitende Rechtsberatung, S. 682.

60 Vygen/Schubert/Lang, Bauverzögerung und Leistungsänderung, Teil B Rn. 160.

informieren und eventuelle Unstimmigkeiten hinsichtlich des Inhaltes gleich aufdecken und abklären zu können.[61]

d. Ist/Soll Vergleich

Ein weiteres Mittel zum Aufzeigen und Dokumentieren von Leistungsständen und -abweichungen ist die Erstellung von Ist/Soll Vergleichen. Hier werden im Rahmen der Baubetriebsrechnung die in der Planung kalkulierten Größen den tatsächlich in der Ausführung erreichten bzw. verbrauchten gegenübergestellt. Dabei können als Vergleichsgrundlage die Kosten,[62] die Mengen[63] oder die Arbeitstunden[64] dienen. Üblicherweise finden diese Vergleiche im Monatsrhythmus statt.[65]

Durch ein konsequentes und zeitnahes Dokumentieren mittels Ist/Soll Vergleichen können Belege beispielsweise für Behinderungen geschaffen werden, die im Nachhinein fast unmöglich zu erstellen wären.[66] Wichtig ist dieses Instrument jedoch auch schon im Vorfeld, da so frühzeitig eventuelle Abweichungen erkannt, deren Ursachen untersucht und noch entsprechende Gegensteuerungsmaßnahmen ergriffen werden können.[67]

Um eine klare und einwandfreie Zuordnung zu ermöglichen, sollte genau festgelegt werden

hinsichtlich der Soll-Werte:
- die Vergleichsart, entweder nach Mengen (z. B. nach zu leistenden Arbeitsstunden) oder Werten (z. B. nach Kosten),

---

61 Dorn, Systematisierte Aufbereitung von Dokumentationstechniken zur Steuerung von Bauabläufen und zum Nachweis von Bauablaufstörungen, S. 114; Heiermann/Franke/Knipp-Kochendörfer/Viering, Baubegleitende Rechtsberatung, S. 682.

62 Heiermann/Franke/Knipp-Kochendörfer/Viering, Baubegleitende Rechtsberatung, S. 684; Vygen/Schubert/Lang, Bauverzögerung und Leistungsänderung, Teil B Rn. 145.

63 Heiermann/Franke/Knipp-Kochendörfer/Viering, Baubegleitende Rechtsberatung, S. 684.

64 Heiermann/Franke/Knipp-Kochendörfer/Viering, Baubegleitende Rechtsberatung, S. 684; Vygen/Schubert/Lang, Bauverzögerung und Leistungsänderung, Teil B Rn. 145.

65 Dorn, Systematisierte Aufbereitung von Dokumentationstechniken zur Steuerung von Bauabläufen und zum Nachweis von Bauablaufstörungen, S. 83 ff; Vygen/Schubert/Lang, Bauverzögerung und Leistungsänderung, Teil B Rn. 145.

66 Kapellmann/Schiffers, Vergütung, Nachträge und Behinderungsfolgen beim Bauvertrag, Rn. 1603.

67 Heiermann/Franke/Knipp-Kochendörfer/Viering, Baubegleitende Rechtsberatung, S. 684.

- der Vergleichszeitpunkt (z. B. das Erreichen eines bestimmten Leistungsstandes oder eines bestimmten Stichtages),
- der Vergleichbereich (z. B. die gesamte Baustelle oder nur ein genau definierter Teilbereich),

hinsichtlich der Ist-Werte:
- wie diese im Einzelnen zu ermitteln (z. B. nach einem bestimmten Arbeitsschlüssel)
- und dokumentieren (z. B. in den Bautagesberichten) sind.[68]

Auch hier gilt wieder, dass nach Möglichkeit beide Seiten gegenzeichnen sollten, um die Beweiskraft der Vergleiche vor Gericht zu erhöhen.

e. Niederschrift nach § 3 Nr. 4 VOB/B

In der VOB wird den Parteien in § 3 Nr. 4 VOB/B Nr. 4 eine Art von vertraglicher, präventiver Beweissicherung im Rahmen eines Bauvorhabens vorgegeben: hiernach sind die Parteien bei Vereinbarung der VOB/B dazu verpflichtet, vor Beginn der Arbeiten, soweit notwendig, den Zustand der Straßen und der Geländeoberfläche, der Vorfluter und Vorflutleitungen, sowie der baulichen Anlagen im Baubereich in einer Niederschrift festzuhalten und diese wechselseitig anzuerkennen.[69] Inhaltlich geht es dabei um die Dokumentation der vor Beginn der Baumassnahmen bestehenden Situation. Spätere, durch die Arbeiten verursachten Veränderungen oder Schäden werden demgegenüber nicht tangiert.[70] Die Feststellungen sind zu treffen, soweit es einer der Parteien „notwendig" erscheint. Dazu muss bei ihr ein nach den Einzelfallumständen objektiv nachvollziehbares und ratsames Interesse an der Festzustellung des Zustandes gegeben sein.[71]

Sinn und Zweck der Feststellungen ist die Beweissicherung hinsichtlich örtlicher Vor- und Rahmenbedingungen für den Fall von späteren Konflikten zwi-

68 Heiermann/Franke/Knipp-Kochendörfer/Viering, Baubegleitende Rechtsberatung, S. 684 f.

69 Heiermann/Riedl/Rusam-Riedl, VOB, § 3 VOB/B Rn. 17; Ingenstau/Korbion-Döring, VOB, § 3 Nr. 4 VOB/B Rn. 3.

70 Heiermann/Riedl/Rusam-Riedl, VOB, § 3 VOB/B Rn. 17; Schmalzl, BauR 1970, 203.

71 Beck`scher VOB-Kommentar-Hofmann, § 3 Nr. 4 VOB/B Rn. 9; Ingenstau/Korbion-Döring, VOB, § 3 Nr. 4 VOB/B Rn. 47; Kapellmann/Messerschmidt-Havers, VOB, § 3 VOB/B Rn. 46; Schmalzl, BauR 1970, 203.

schen den Vertragsparteien.[72] In einem Rechtsstreit ist die Niederschrift als Urkundsbeweis verwertbar.[73]

Weichen die Parteiansichten voneinander ab, ist dies in der Urkunde aufzunehmen. Dann ist der Beweiswert der Niederschrift allerdings sehr gering. Daher ist in diesem Fall jeder Vertragspartner berechtigt, die Beweise anderweitig zu sichern, insbesondere durch die Einleitung eines selbstständigen Beweissicherungsverfahrens.[74]

II. Augenschein

1. Grundlagen

Eine weitere Möglichkeit, die Baugeschehnisse zu Beweiszwecken zu dokumentieren, ist das Erstellen von Foto- bzw. Videodokumentationen. Bild- und Tonträger wie Fotos, Videoaufnahmen oder Tonbänder werden von der Rechtsprechung grundsätzlich als Augenscheinsobjekte im Sinne der §§ 371 ff. ZPO behandelt.[75]

Die Einnahme des Augenscheins bedeutet die unmittelbare sinnliche Wahrnehmung des Gerichtes von körperlichen Eigenschaften oder Zuständen von Sachen oder Personen mit dem Ziel, beweiserhebliche Tatsachen festzustellen (z. B. durch Sehen, Hören oder Riechen).[76] Schwerpunkt ist dabei die äußere Beschaffenheit von Personen, Gegenständen oder Verhältnissen. Im Bauprozess kann sich das Gericht beispielsweise von den Rissen in der Kellerdecke oder den fehlenden Gehwegplatten „live" vor Ort oder mittels eines Fotos überzeugen.

Abzugrenzen von dem äußeren Erscheinungsbild ist die Wiedergabe eines Gedankeninhaltes. Letzterer kann nicht Gegenstand des Augenscheins sein. So kann beispielsweise eine Person zwar hinsichtlich der Frage, ob sie sprechen

---

72 Beck`scher VOB-Kommentar-Hofmann, § 3 Nr. 4 Rn. 1; Nicklisch/Weick, VOB/B § 3 Rn. 18.

73 Weise, Selbständiges Beweisverfahren im Baurecht, Rn. 58.

74 Heiermann/Riedl/Rusam-Riedl, VOB, § 3 VOB/B Rn. 21; Ingenstau/Korbion-Döring, VOB, § 3 Nr. 4 VOB/B Rn. 5; Schmalzl, BauR 1970, 203 (204); Weise, Selbständiges Beweisverfahren im Baurecht, Rn. 58; Werner/Pastor, Der Bauprozess, Rn. 3.

75 Für Foto: BGH MDR 1976, 304; NJW 1987, 590; MDR 1988, 42; OLG Hamburg MDR 1988, 684 (684 f.); für Tonbänder: BGH NJW 1982, 277; KG NJW 1967,115; für Video: BAG NJW 2003, 3436.

76 Baumbach/Lauterbach/Albers/Hartmann-Hartmann, ZPO, Übers. § 371 Rn. 4; MünchKomm-Damrau, ZPO, § 371 Rn. 2; Zöller-Greger, ZPO, § 371 Rn. 1.

kann, Gegenstand des Augenscheins sein, dagegen wäre sie Zeuge oder Sachverständiger für den Inhalt des Erklärten.[77]

2. Anwendung in der Praxis und Bedeutung

Das Anbieten der Einnahme des Augenscheins als Beweismittel bietet sich zur Veranschaulichung von Vorgängen oder Zuständen an, die nur schwer oder ungenau mit Worten beschreibbar sind. So kann beispielsweise der Anblick direkt vor Ort oder auf einem Foto dem Gericht die Schimmelflecken an der Kellerwand oder die Beulen im PVC-Fußbodenbelag sehr viel plastischer und objektiver vermitteln als eine Zeugenaussage.

Gerade in Bauprozessen stößt die Inaugenscheinnahme jedoch auch an ihre Grenzen:

- In vielen Fällen kann die Qualität einer sinnlichen Wahrnehmung nur dann richtig eingeordnet werden, wenn ein Vergleich mit einem Idealzustand möglich ist. So kann beispielsweise die Rauhigkeit einer gefertigten Oberfläche nur dann beurteilt werden, wenn man weiß, wie glatt sie bei fachgerechter Herstellung sein sollte.
- „Sehen ist nicht Erkennen": Durch die sinnliche Wahrnehmung kann zwar die äußere Beschaffenheit von Personen, Gegenständen oder Verhältnissen überprüft werden, nicht jedoch die Kausalkette, die zu dem Zustand geführt hat. So kann beispielsweise mittels eines Fotos der Schimmel an der Kellerwand aufgezeigt, nicht jedoch dessen Verursachung durch die Erstellung einer mangelhaften Abdichtung nachgewiesen werden.

3. Wichtiges Beispiel: Foto-/Videodokumentation

Trotz der aufgeführten Bedenken sind insbesondere Foto-/Videodokumentationen sehr nützliche Beweismittel. Mittels ihnen lassen sich besonders gut dokumentieren:

- bestimmte Bauzustände zu bestimmten Stichtagen,[78]

---

77 Zöller-Greger, ZPO, § 371 Rn. 2.

78 Dorn, Systematisierte Aufbereitung von Dokumentationstechniken zur Steuerung von Bauabläufen und zum Nachweis von Bauablaufstörungen, S. 120; Vygen/Schubert/Lang, Bauverzögerung und Leistungsänderung,Teil B Rn. 159.

- bestimmte Erschwernisse bei der Ausführung[79] wie z. B. zu hohe Wasserstände auf der Baustelle,
- charakteristische Fertigungsabschnitte einer bestimmten Tätigkeit mittels eines Serienfotos oder Videos.[80]

Diese Dokumentation dient sowohl der Veranschaulichung, als auch dem Festhalten von später nicht mehr vorhandenen bzw. ersichtlichen Zuständen. So sind beispielsweise Leistungsstände an einem bestimmten Stichtag, an falscher Stelle vorgefundene Versorgungsleitungen oder bestimmte Wasserstände jeweils Umstände, die zu einem späteren Zeitpunkt nicht mehr sichtbar sind und auf diese Weise anschaulich festgehalten werden können.[81] Ein weiterer Vorteil ist, dass Fotos bzw. Videoaufnahmen sehr rasch und unkompliziert zu erstellen sind. Und sie bieten die Möglichkeit, einen Zustand objektiv festhalten, so dass sich ein Dritter – das Gericht – selber ein Bild machen kann.

Um eine möglichst hohe Beweiskraft zu haben, sollte folgendes beachtet werden:

- Der Zeitpunkt der Aufnahme sollte belegbar registriert werden, hierzu könnte beispielsweise eine Tageszeitung mit aktuellem Datum auf das Foto mit aufgenommen werden. Indes ist damit nur beweisbar, dass der aufgenommene Zustand spätestens am Datum des Erscheinens der Zeitung bestanden hat.[82] Falls das Datum von der Kamera automatisch mit eingeblendet wird, der Zeitpunkt jedoch dennoch strittig ist, so kann ergänzend der Fotograf als Zeuge für die entsprechende richtige Einstellung benannt werden.[83]
- In das Foto sollte nach Möglichkeit ein Zollstock oder ein ähnliches Messgerät als Maßstab mit aufgenommen werden. Um die Proportionen richtig bestim-

79 Dorn, Systematisierte Aufbereitung von Dokumentationstechniken zur Steuerung von Bauabläufen und zum Nachweis von Bauablaufstörungen, S. 120; Vygen/Schubert/Lang, Bauverzögerung und Leistungsänderung, Teil B Rn. 159.

80 Dorn, Systematisierte Aufbereitung von Dokumentationstechniken zur Steuerung von Bauabläufen und zum Nachweis von Bauablaufstörungen, S. 120; Vygen/Schubert/Lang, Bauverzögerung und Leistungsänderung, Teil B Rn. 159.

81 Dorn, Systematisierte Aufbereitung von Dokumentationstechniken zur Steuerung von Bauabläufen und zum Nachweis von Bauablaufstörungen, S. 120.

82 Kleine-Möller/Merl/Oelmaier-Oelmaier/Kleine-Möller, Handbuch des privaten Baurechts, 2. Aufl., § 16 Rn. 6.

83 Kleine-Möller/Merl/Oelmaier-Oelmaier/Kleine-Möller, Handbuch des privaten Baurechts, 2. Aufl., § 16 Rn. 6.

men zu können, sollte ferner die Brennweite des Objektivs festgehalten werden.[84]

- Wenn eine baubegleitende Dokumentation erstellt wird, so sollte immer von denselben Standorten aus fotografiert bzw. gefilmt werden, um eine Vergleichbarkeit zu erhalten. Außerdem sollte die gesamte Baustelle erfasst sein.[85]
- Bei der digitalen Aufnahme sollten die Anmerkungen zum Foto gleich mit diktiert und beides zusammen abgespeichert werden, um dann später Bild und Text gleich gemeinsam abrufen zu können.[86]
- Beide Vertragsseiten sollten sich von der Richtigkeit der Dokumentationen überzeugen können. Um eine möglichst große Beweiskraft zu erreichen, sollten entscheidende Aufnahmen ausgedruckt und von beiden Seiten unterschrieben werden.[87]

III. Elektronische Dokumente

Im Bereich von Bauvorhaben werden schon seit langem Computerprogramme zur Projektplanung und zum Dokumentenmanagement eingesetzt. Es gibt sogar Anbieter, die speziell zur Beweissicherung am Bau konzipierte Programmpakete anbieten.

Eine solche spezielle Software speichert und verwaltet digitale Bilder, Werkpläne, Dokumente, Notizen, Emails und Protokolle in einer baubranchenspezifischen Datenbankanwendung. Um der besonderen Komplexität der Baudokumentation nachzukommen, bietet beispielsweise die Software „Proof-It®" neben den in derartigen Computerprogrammen üblichen Suchsystemen wie Indexen oder Volltextsuchen über sogenannte „Kausaltabellen" eine weitere Möglichkeit. Hier können für jedes Projekt eigene Strukturen wie im Windows-Explorer entwickelt und beispielsweise ein Raum- und ein Vertragsmodell erstellt werden. Damit werden dann alle Dokumente auch nach den objektiven Raum- und Vertragsinformationen verlinkt. Auf diese Weise ist es möglich, durch ein bloßes Anklicken des entsprechenden Bereichs in dem Raummodell alle sich beispiels-

---

84 Kleine-Möller/Merl/Oelmaier-Oelmaier/Kleine-Möller, Handbuch des privaten Baurechts, 2. Aufl., § 16 Rn. 6.

85 Heiermann/Franke/Knipp-Kochendörfer/Viering, Baubegleitende Rechtsberatung, S. 683.

86 Heiermann/Franke/Knipp-Kochendörfer/Viering, Baubegleitende Rechtsberatung, S. 683 f.

87 Heiermann/Franke/Knipp-Kochendörfer/Viering, Baubegleitende Rechtsberatung, S. 684.

weise auf die 3. Etage beziehenden Dokumente, Fotos und Werkpläne zusammen aufzurufen.[88]

Fraglich ist, wie diese elektronischen Dokumente nun vor Gericht zu Beweiszwecken eingesetzt werden können.
Mit dem neu gefassten § 371 Abs. 1 Satz 2 ZPO wurde klargestellt, dass elektronische Dokumente dem Beweis durch Augenschein unterfallen. Der Beweisantritt erfolgt gemäß § 371 Abs. 1 Satz 2 ZPO durch Vorlegung oder Übermittlung der Datei, so dass das Gericht sie zur Beweisaufnahme auf einem seiner Computer sichtbar machen kann.[89]

Eine besondere Regelung gilt für elektronische Dokumente, die mit einer dem Signaturgesetz entsprechenden qualifizierten Signatur versehen sind: Nach dem seit dem 1. April 2005 geltenden neuen § 371a ZPO werden auf sie die Vorschriften über die Beweiskraft privater (Abs. 1) bzw. öffentlicher (Abs. 2) Urkunden entsprechend angewandt. Dies bedeutet, dass bspw. ein Baubesprechungsprotokoll mittels einer Software erfasst und bei Verknüpfung mit einer qualifizierten elektronischen Signatur vor Gericht wie ein handschriftlich unterzeichnetes Protokoll in Papierform zu Beweiszwecken eingesetzt werden kann. Diese sogenannte qualifizierte elektronische Signatur ist eine elektronische Form der Unterschrift. Qualifizierte elektronische Signaturen erfüllen eine Reihe von besonderen Sicherheitsanforderungen, die im Signaturgesetz geregelt sind und die eine Fälschung solcher Signaturen mit den verfügbaren technischen Mitteln ausschließen. Die Signatur wird mit Hilfe einer Chip-Karte und einem Kartenlesegerät durch die mathematische Verknüpfung eines Textes mit einem persönlichen, geheimen Schlüssel erzeugt. Der Empfänger kann diese Signatur mit einem speziellen öffentlichen Signaturschlüssel überprüfen.[90]

Die Besonderheit gegenüber „normalen" privaten Urkunden ist die Regelung in Abs. 1 Satz 2, wonach ein Anscheinsbeweis dafür besteht, dass die in einem nach dem Signaturgesetz signierten elektronischen Dokument enthaltene Erklärung vom Inhaber des Signaturschlüssels stammt. Damit ist der Schutz des Empfängers weitergehender als bei „normalen" Urkunden, bei denen der Empfänger für die Echtheit der Unterschrift im Bestreitensfalle vollen Beweis erbringen muss, §§ 439, 440 ZPO. Dieser Anscheinsbeweis kann nur durch Tatsachen erschüttert werden, die ernstliche Zweifel an der Abgabe der Erklärung durch den Signaturschlüssel-Inhaber begründen. Nach herrschender Meinung in der Literatur sollten hier keine zu hohen Maßstäbe an die Bejahung der „ernstlichen

88 Kirmes, Der Einsatz von Signaturen, S. 294 ff.

89 Thomas/Putzo-Reichold, ZPO, § 371 Rn. 4.

90 Palandt-Heinrichs, BGB, § 126a Rn. 3 f.

Zweifel" angelegt werden.[91] Zu beachten ist, dass dieser Anscheinsbeweis nur die Echtheit der Signatur umfasst, nicht jedoch andere Fragen[92] wie bspw. die materielle Wahrheit der mit der Erklärung aufgestellten Behauptungen. Wie bei einer „normalen" privaten Urkunde unterliegen diese Umstände der freien Beweiswürdigung des Gerichts.

Elektronische Dokumente bzw. Fotos haben damit für die Verwendung als gerichtlichtes Beweismittel eine ähnlich hohe Bedeutung wie „normale" Dokumente und Fotos. Bestimmte Probleme bleiben auch hier bestehen, so zum Beispiel, dass ein Foto häufig nicht die Ursache eines bestimmten Mangels erklären kann und nur eine visuelle Wahrnehmung ermöglicht. Ebenfalls kann mittels der von einer Partei alleine – beispielsweise durch Bautagebücher – durchgeführten elektronischen Dokumentation nur bewiesen werden, dass der Aussteller erklärt hat, die enthaltenen Feststellungen getroffen zu haben. Der materielle Inhalt der Feststellungen unterliegt wie bei der „normalen" Urkunde der freien Beweiswürdigung durch das Gericht.

Die großen Vorteile des Einsatzes einer derartigen Software zur Beweissicherung sind jedoch unter anderem:
- die schnellere Bearbeitung durch Automatisierung von Teilschritten,
- eine geringere Fehlerquote durch automatische Konsistenz- und Vollständigkeitsprüfungen,
- die automatische Dokumentation und Archivierung aller Arbeitsschritte und Inhalte,
- die Tatsache, dass die gesamte „Planungsgeschichte" von der ersten Variante bis zum letzten Stand sortiert und stets abrufbar ist
- und die Generierung von tabellarischen Reports und graphischen Darstellungen über die verarbeiteten Daten.

IV. Zeuge

1. Grundlagen

Ein weiteres Mittel zur Beweissicherung ist die Hinzuziehung von Zeugen, §§ 373 ff. ZPO. Der Zeuge ist ein an dem Gerichtsverfahren nicht selbst als Partei Beteiligter, der hinsichtlich eines aufzuklärenden Sachverhaltes infolge eigener Wahr-

91 Baumbach/Lauterbach/Albers/Hartmann-Hartmann, ZPO, § 371a Rn. 5; Roßnagel NJW 2001, 1826; Zöller-Greger, ZPO, § 371a Rn. 2.

92 Baumbach/Lauterbach/Albers/Hartmann-Hartmann, ZPO, § 371a Rn. 4.

nehmungen Aussagen zu Tatsachen oder Zuständen machen kann.[93] Damit ist er nicht austauschbar, anders als ein Sachverständiger. Er soll lediglich seine Beobachtungen schildern und weder seine eigene Meinung zu den Geschehnissen dartun, noch selber rechtliche Würdigungen abgeben.[94]

Eine besondere Rolle spielt in Bauverfahren der so genannte sachverständige Zeuge. Dies ist ein Zeuge, der seine Wahrnehmungen aufgrund einer besonderen Sachkunde gemacht hat (§ 414 ZPO).[95] Hier kommen insbesondere berufserfahrene Baubeteiligte wie Architekten, Bauunternehmer oder Bauingenieure in Betracht, aber auch der Privatgutachter hinsichtlich der von ihm im Rahmen der Anfertigung eines Parteigutachtens festgestellten Baumängel.[96] Wichtig ist, dass ein Zeuge nur über eigene Wahrnehmungen berichtet. Insoweit er dagegen dem Richter zusätzliches Fachwissen vorträgt oder aufgrund seines Fachwissens bestimmte Schlussfolgerungen aus einem feststehenden Sachverhalt zieht, wird er als Sachverständiger tätig und es gelten dann die Vorschriften über den Sachverständigenbeweis.[97]

2. Anwendung in der Praxis und Bedeutung

Wie ein Foto stellt der Zeugenbeweis ein rasches und kostengünstiges Beweismittel dar. Allerdings sind Zeugen oft nicht in der Lage, die in Bauprozessen meist komplexen Sachverhalte genau und sachverständig genug wiederzugeben. Darüber hinaus stehen sie häufig selbst mit einer der Parteien in einem wirtschaftlich abhängigen oder sonstigen Verhältnis, so dass die Gefahr der Voreingenommenheit besteht. Letzterer Umstand kann auch den Wert der Aussage eines sachverständigen Zeugen vermindern, denn diese stehen ebenfalls sehr oft in einer wirtschaftlichen oder anderweitig abhängigen Beziehung zu einer der Parteien, sei es, dass sie deren Mitarbeiter oder Angestellte sind oder von dieser mit der Begutachtung beauftragt worden sind.

Meistens liegt das Geschehen auf der Baustelle schon so lange zurück, dass der Zeuge sich nicht mehr genau an die Einzelheiten erinnern kann. Um dem entgegenzuwirken, empfiehlt es sich, während des Bauablaufs stets wesentlich er-

93 Baumbach/Lauterbach/Albers/Hartmann-Hartmann, ZPO, Übers. § 373 Rn. 4; Zöller-Greger, ZPO, § 373 Rn. 1.

94 BGH NJW 1965, 2253 (2254); Zöller-Greger, ZPO, § 373 Rn. 1.

95 BGH MDR 74, 382.

96 Werner/Pastor, Der Bauprozess, Rn. 2623.

97 BGH MDR 1974, 382.

scheinende Tatsachen, Ereignisse, Erklärungen und Absprachen möglichst umgehend zu notieren, sei es in einer Telefonnotiz, einem Gesprächsvermerk oder einem kurzen schriftlichen Bericht.[98] Dabei sollten die Umstände möglichst genau festgehalten werden, insbesondere sollten die Namen und die Position der jeweiligen Gesprächsteilnehmer und der Ort, das Datum und die Uhrzeit des Geschehens enthalten sein, um eine genaue Einordnung zu ermöglichen. Ferner sollte das Schriftstück von dem Zeugen unterschrieben werden und daneben auch das Datum der Niederschrift enthalten sein. Um gleich einem eventuell später erfolgenden Vorwurf entgegenzuwirken, dass die Notiz erst im Nachhinein erstellt worden sei, ist es ratsam, dem jeweiligen Gesprächsteilnehmer oder sonstigen Beteiligten eine Abschrift der Notiz sogleich nach deren Abfassung zukommen zu lassen, der Zugang sollte nachweisbar erfolgen. Derartige Notizen beweisen zwar nicht, dass ein bestimmtes Geschehen sich so, wie niedergeschrieben, auch tatsächlich zugetragen hat. Sie können jedoch den Aussagewert einer Zeugenaussage deutlich erhöhen, wenn der Zeuge dem Gericht gegenüber glaubwürdig erscheint und er sich nur hinsichtlich konkreter Details auf seine Notizen als Gedächtnisstütze berufen muss. Dies gilt vor allem in den Fällen, in denen die andere Seite damals auf die für sie negative Feststellungen enthaltene Notiz nichts erwidert hat.[99]

V. Privatgutachten

1. Grundlagen

Ein in so gut wie allen Bauprozessen eingesetztes Beweismittel ist das Privatgutachten.[100] Ein Privatgutachten ist das Gutachten eines Sachverständigen, das nicht vom Gericht, sondern von einer Partei in Auftrag gegeben wurde.[101] Zweck ist es, relevante Tatsachen wie beispielsweise das Vorliegen eines Schadens, des-

98 Kleine-Möller/Merl/Oelmaier-Oelmaier/Kleine-Möller, Handbuch des privaten Baurechts, 2. Aufl., § 16 Rn. 32.

99 Kleine-Möller/Merl/Oelmaier-Oelmaier/Kleine-Möller, Handbuch des privaten Baurechts, 2. Aufl., § 16 Rn. 32.

100 Statt vieler: Werner/Pastor, Der Bauprozess, Rn. 148.

101 Beisel, Rechtsprobleme bei Streitigkeiten wegen Bauschäden, S. 26; Jacob/Ring/Wolf-Passarge/Warner, Freiberger Handbuch zum Baurecht, 1. Auflage, § 1 Rn. 576; Siegburg, Handbuch der Gewährleistung beim Bauvertrag, Rn. 2127; Werner/Pastor, Der Bauprozess, Rn. 148 f.

sen Ursachen und die erforderlichen Mängelbeseitigungsmaßnahmen festzustellen oder zu widerlegen.[102]

Wird das Privatgutachten im Zivilprozess dem Gericht vorgelegt, so wird es nicht als unmittelbar verwertbarer Sachverständigenbeweis behandelt, sondern gilt nur als substantiierter, qualifizierter Parteivortrag.[103] Mit diesem hat sich das Gericht sorgfältig auseinanderzusetzen.[104] Es hat das Privatgutachten gemäß § 286 ZPO frei zu würdigen und kann es bei entsprechender Überzeugung von der Richtigkeit der behaupteten Tatsachen und einem Hinweis an die Gegenpartei seiner Entscheidung zugrunde legen.[105] In den meisten Fällen wird ein Privatgutachten jedoch zur Bildung der erforderlichen Überzeugung des Gerichtes im Sinne des § 286 ZPO nicht ausreichen.[106]

Nach vorherrschender Meinung kann das Privatgutachten in einem Zivilprozess auch zum Zwecke des Urkundsbeweis vorgelegt werden.[107] Falls die Gegenseite zustimmt, kann es dann vom Gericht wie ein gerichtlich erhobenes Gutachten verwertet werden.[108] Ansonsten kann das Gericht das Privatgutachten auch ohne Zustimmung der Gegenseite seiner Entscheidung zu Grunde legen, wenn es dies für seine Überzeugungsbildung gemäß § 286 ZPO für genügend hält und zuvor den Parteien einen entsprechenden Hinweis erteilt hat.[109] Andernfalls wird mit der Urkunde nur der Beweis erbracht, dass der Sachverständige die in dem Privatgutachten enthaltenen Feststellungen und Schlussfolgerungen getätigt hat (§ 416 ZPO), nicht jedoch, dass diese auch tatsächlich der Wahrheit entsprechen. Inwieweit das Gericht diese für überzeugend hält, ist wiederum Bestandteil der Beweiswürdigung nach § 286 ZPO.[110]

---

102 Kleine-Möller/Merl/Oelmaier-Oelmaier/Kleine-Möller, Handbuch des privaten Baurechts, 2. Aufl., § 16 Rn. 8 und 11; Philipps/Wieck/Stollhoff, Die vorsorgliche Beweissicherung im Bauwesen, S. 184; Weise, Selbständiges Beweisverfahren im Baurecht, Rn. 26.

103 BGHZ 98, 32 (40); BGH NJW 1982, 2874 (2875); BGH NJW 1992, 1459; BGH BauR 1997, 1065 (1067).

104 BGH NJW 1992, 1459; BGH BauR 1993, 500 (500 f.); BGH BauR 1997, 1065 (1067).

105 BGH BauR 1998, 123 (124); OLG Hamm NJW-RR 1993, 1441 (1442); OLG Karlsruhe NJW 1990, 192.

106 Werner/Pastor, Der Bauprozess, Rn. 150, Rn. 2625.

107 BGH NJW 1982, 2874 (2875); BGH NJW 1986, 3077 (3078); BGH NJW 1987, 2300 (2300 ff.); OLG Köln, VersR 1990, 311; OLG Düsseldorf OLGR 1992, 186 (187); Baumbach/Lauterbach/Albers/Hartmann-Hartmann, ZPO, Übers. § 402 Rn. 22; Kniffka/Koeble, Kompendium des Baurechts, 20. Teil Rn. 30; Werner/Pastor, Der Bauprozess, Rn. 151; Zöller-Greger, ZPO, § 402 Rn. 3.

108 BGH NJW 1986, 3077 (3079); BGH NJW-RR 1994, 255 (255 f.); BGH BauR 1994, 524 (525); OLG Naumburg, OLGR 1999, 249 (250); OLG Rostock OLGR 1998, 218 (219).

109 OLG Karlsruhe NJW 1990, 192; Zöller-Greger, ZPO, § 402 Rn. 6c; a. A. BAG, DB 1961, 1104.

110 BGH VersR 1987, 1007 (1008); BGH BauR 1998, 123 (124); OLG München NJW-RR 1988, 1534 (1535); OLG Saarbrücken VersR 1992, 757 (758).

Des Weiteren kann der Privatgutachter hinsichtlich seiner in dem Gutachten getroffenen Feststellungen als sachverständiger Zeuge (§ 414 ZPO) in das Verfahren eingeführt werden.[111]

2. Anwendung in der Praxis

Möglich ist die Einschaltung eines Privatgutachters bereits im Vorfeld eines Prozesses bzw. sogar schon während der Bauausführung, insbesondere bei technischen Teilabnahmen nach § 4 Nr. 10 VOB/B,[112] der Abnahme von Bauleistungen,[113] der Erstellung von Übergabeprotokollen,[114] in Abrechnungsfragen[115] und zur frühzeitigen Ermittlung von Baumängeln.[116]

Vom Schrifttum wird die Hinzuziehung eines Privatgutachters darüber hinaus angeraten:

- bei der Anfertigung der Niederschrift zur Feststellung der örtlichen Gegebenheiten des Bauvorhabens vor Baubeginn gemäß § 3 Nr. 4 VOB/B, sofern die eigene bzw. die Sachkunde des baubetreuenden Architekten nicht genügt,
- bei der Überprüfung von Bauteilen und Stoffen, die gemäß vertraglicher Beschreibung oder auf Probe geliefert werden, um ggf. deren Verwertung zu verhindern (§ 4 Nr. 6 VOB/B), falls während der Durchführung des Bauvorhabens Mängel auftreten oder sich das Projekt in einer komplizierten Phase befindet, um ggf. beizeiten Ansprüche nach § 4 Nr. 7 VOB/B durchsetzen zu können,

---

111 BGH WM 1974, 239; BGH BauR 1993, 500 (501); OLG Oldenburg OLGR 2003, 443.

112 Philipps/Wieck/Stollhoff, Die vorsorgliche Beweissicherung im Bauwesen, S. 184.

113 Kleine-Möller/Merl/Oelmaier-Oelmaier/Kleine-Möller, 2. Aufl., Handbuch des privaten Baurechts, § 16 Rn. 9; Siegburg, Handbuch der Gewährleistung beim Bauvertrag, Rn. 2127; Werner/Pastor, Der Bauprozess, Rn. 149.

114 Siegburg, Handbuch der Gewährleistung beim Bauvertrag, Rn. 2127; Werner/Pastor, Der Bauprozess, Rn. 149.

115 Brandenburgisches OLG, BauR 2002, 1120 (1128 f.); Siegburg, Handbuch der Gewährleistung beim Bauvertrag, Rn. 2127; Werner/Pastor, Der Bauprozess, Rn. 149.

116 Kleine-Möller/Merl/Oelmaier-Oelmaier/Kleine-Möller, Handbuch des privaten Baurechts, 2. Aufl., § 16 Rn. 8 f.; Siegburg, Handbuch der Gewährleistung beim Bauvertrag, Rn. 2127; Werner/Pastor, Der Bauprozess, Rn. 149.

– bei jeder vorzeitigen Beendigung des Vertrages beispielsweise durch Kündigung oder Vertragsaufhebung und damit einhergehend nur teilweise erbrachter Leistungen.[117]

Teilweise wird sogar vorgeschlagen, das gesamte Baugeschehen, von Anfang bis Ende, durch einen Privatgutachter wie beispielsweise den TÜV dokumentieren zu lassen.[118] Als Vorbild können hier die britischen Bauvertragsmuster dienen, in denen ein sogenannter contract administrator bzw. engineer als weitere am Baugeschehen beteilige Person benannt wird. Dieser ist zwar grundsätzlich Vertreter des Bauherrn bzw. Auftraggebers, hat jedoch in großen Teilen eine neutrale Position wahrzunehmen. Eine seiner wichtigsten Aufgaben ist die Erstellung von sogenannten „certificates", in denen er dem Unternehmer die Fertigstellung von Teilabschnitten bzw. des gesamten Bauprojekt bescheinigt, damit dieser Zahlungen vom Auftraggeber erhalten kann. Er ist in der Regel ein Architekt oder ein für diesen Aufgabenbereich gesondert ausgebildeter „quantity surveyor".[119]

Oft beauftragt eine Partei im Rahmen der Vorbereitung eines Prozesses einen Privatgutachter mit der Aufklärung und Aufbereitung des relevanten Sachverhaltes, damit ihr überhaupt ein richtiger und substantiierter Parteivortrag gelingen kann.[120] Noch häufiger schalten die Parteien während eines Rechtstreites einen Privatgutachters ein, insbesondere um ein von dem Prozessgegner vorgelegtes oder ein gerichtlich eingeholtes Sachverständigengutachten zu widerlegen.[121]

Um im Prozess verwertbar und für das Gericht überzeugend sein zu können, sollten die fachliche Richtigkeit und die Objektivität der getätigten Feststellungen gewährleistet sein und der Gutachter nicht einseitig die Interessen seines Auftraggebers vertreten.[122]

---

117 Kleine-Möller/Merl/Oelmaier-Oelmaier/Kleine-Möller, 2. Aufl., Handbuch des privaten Baurechts, § 16 Rn. 9; Philipps/Wieck/Stollhoff, Die vorsorgliche Beweissicherung im Bauwesen, S. 182 ff.

118 Jagenburg, BauR 2001, 1816 (1817 ff.).

119 Siehe dazu beispielsweise die detaillierte Darstellung bei Scherzer, Die Sicherung von Forderungen der am Bau Tätigen aus rechtsvergleichender Sicht, S. 176 ff. und 201.

120 Jacob/Ring/Wolf, Freiberger Handbuch zum Baurecht, 1. Aufl., Rn. 576.

121 Kleine-Möller/Merl/Oelmaier-Oelmaier/Kleine-Möller, Handbuch des privaten Baurechts, 2. Aufl., § 16 Rn. 13; Siegburg, Handbuch der Gewährleistung beim Bauvertrag, Rn. 2130; Werner/Pastor, Der Bauprozess, Rn. 2, Rn. 150.

122 Philipps/Wieck/Stollhoff, Die vorsorgliche Beweissicherung im Bauwesen, S. 186; Werner/Pastor, Der Bauprozess, Rn. 153.

3. Bedeutung

Die Einholung eines Privatgutachtens ist ein sehr viel sicheres Mittel zur Beweissicherung als eine Urkunde, ein Foto oder ein Zeuge, da hier die Umstände durch einen neutralen Dritten festgehalten und dank des Sachwissens sogleich auch wichtige Umstände wie die Ursachen von Mängeln und deren Beseitigungsmöglichkeiten aufgenommen werden können. Dafür ist diese Art der Beweissicherung jedoch wesentlich zeit- und kostenintensiver.[123] Im Vergleich zu einem gerichtlichen Gutachten wiederum kann ein Privatgutachten indes sehr viel schneller und kurzfristiger erstellt und vorgelegt werden.[124] Dadurch kann eine ggf. erforderliche Unterbrechung der Bauarbeiten möglichst rasch beendet werden bzw. es können, sofern notwendig, die begutachteten Baumängel rasch behoben werden.[125] Ferner sind dem Privatgutachter im Gegensatz zu dem vom Gericht beauftragten Gutachter keinerlei Vorgehensweisen vorgeschrieben und ihm insbesondere keine Forschungsgrenzen auferlegt. Die Partei kann ihm daher einen regelrechten „Suchauftrag" erteilen, beispielsweise hinsichtlich des Vorliegens und des Umfangs von Mängeln an den Bauleistungen der Gegenseite.[126]
Nachteil ist dagegen, dass die Parteien an das Ergebnis eines solchen Gutachtens nicht gebunden sind[127] und es, wie schon ausgeführt, im Gerichtsprozess nicht unmittelbar verwertbar ist. Dennoch ist es im Bauprozess ein unerlässliches Mittel zur Beweissicherung, da die technischen Abläufe bei einem Bauverfahren so kompliziert sind, dass meistens nur ein Sachverständiger in der Lage ist, diese hinreichend zu durchschauen und die entsprechenden Feststellungen zu treffen.[128]

Meistens ist es zwar preiswerter als ein Gutachten im Rahmen eines selbstständigen Beweissicherungsverfahrens, dafür sind die Kosten hierfür nur dann

---

123 Kleine-Möller/Merl/Oelmaier-Oelmaier/Kleine-Möller, Handbuch des privaten Baurechts, 2. Aufl., § 16 Rn. 4.

124 Siegburg, Handbuch der Gewährleistung beim Bauvertrag, Rn. 2130; Wirth-Korbion, Handbuch Baurecht, S. 1829.

125 Siegburg, Handbuch der Gewährleistung beim Bauvertrag, Rn. 2130.

126 Kleine-Möller/Merl/Oelmaier-Oelmaier/Kleine-Möller, Handbuch des privaten Baurechts, 2. Aufl., § 16 Rn. 11; Kniffka/Koeble, Kompendium des Baurechts, 13. Teil Rn. 1; Siegburg, Handbuch der Gewährleistung beim Bauvertrag, Rn. 2129.

127 Beisel, Rechtsprobleme bei Streitigkeiten wegen Bauschäden, S. 26.

128 Werner/Pastor, Der Bauprozess, Rn. 148.

erstattungsfähig, wenn ein materieller Kostenanspruch beispielsweise aus Mängelgewährleistungsrechten besteht.[129]

VI. Schiedsgutachten

Eine weitere Möglichkeit zur Beweissicherung ist die Einholung eines Schiedsgutachten. Schiedsgutachten haben in der Praxis sehr an Bedeutung gewonnen.[130]

Dazu müssen die Parteien zunächst eine sogenannte Schiedsgutachtenabrede treffen. Dies kann bereits im Bauvertrag oder auch erst zu einem späteren Zeitpunkt bspw. nach Auftreten eines Streitfalles geschehen.[131] In einer solchen Schiedsgutachtenvereinbarung einigen sich die beteiligten Parteien darauf, bestimmte Tatsachen zu einem genau bezeichneten Rechtsverhältnis durch einen unabhängigen, unparteiischen und sachverständigen Dritten verbindlich festlegen zu lassen.[132] Im Regelfall soll er zu zwischen den Parteien strittigen Tatsachen wie insbesondere zu Werkmängeln, deren Ursachen, den Kosten für ihre Beseitigung und der damit verbundenen Schadenshöhe Feststellungen treffen.[133]

Ferner müssen in der Abrede die Einzelheiten zur Bestimmung des Sachverständigen bzw. des Sachverständigengremiums festgelegt werden.[134] Um Streit und Verzögerungen zu vermeiden, sollte der strittige Sachverhalt schon möglichst genau beschrieben werden, am besten gleich mit konkreter Fragestellung an den Sachverständigen.[135] Des weiteren ist es ratsam, hinsichtlich des Verfahrensablaufs genau zu regeln, wie die einzelne Parteien mitzuwirken haben, so dass sie beispielsweise erforderliche Unterlagen an den Gutachter binnen einer

129 Wirth-Korbion, Handbuch Baurecht, S. 1829.

130 Werner/Pastor, Der Bauprozess, Rn. 538.

131 Roquette/Otto-Laumann, Vertragsbuch Privates Baurecht, C. VII. Rn. 11.

132 BGH BauR 1990, 86; OLG Düsseldorf BauR 1998, 195; RGZ 96, 57 (60); Jacob/Ring/Wolf-Passarge/Warner, Freiberger Handbuch zum Baurecht, 1. Auflage, Rn. 572; Roquette/Otto-Laumann, Vertragsbuch Privates Baurecht, C. VII. Rn. 3.

133 BGH NJW 1971, 1455; Jacob/Ring/Wolf-Passarge/Warner, Freiberger Handbuch zum Baurecht, 1. Auflage, Rn. 572; Kleine-Möller/Merl/Oelmaier-Oelmaier/Kleine-Möller, Handbuch des privaten Baurechts, 2. Aufl., § 16 Rn. 21; Weise, Selbständiges Beweisverfahren, Rn. 34; Werner/Pastor, Der Bauprozess, Rn. 538.

134 Kleine-Möller/Merl/Oelmaier-Oelmaier/Kleine-Möller, Handbuch des privaten Baurechts, 2. Aufl., § 16 Rn. 22.

135 Roquette/Otto-Laumann, Vertragsbuch Privates Baurecht, C VII. Rn. 25 f.

bestimmten Frist herauszugeben haben u.ä.[136] Schließlich ist es empfehlenswert, in der Schiedsgutachtenvereinbarung auch gleich zu klären, wer die Kosten für den Gutachter zu übernehmen hat bzw. wie diese ggf. aufzuteilen sind.[137]

Die Einholung eines Schiedsgutachtens ist im Allgemeinen genauso schnell möglich wie die eines Privatgutachtens.[138] Vorteil ist aber, dass im Gegensatz zum Privatgutachten die Feststellungen des Sachverständigen für einen etwa nachfolgenden Rechtsstreit verbindlich sind[139] und somit die aufwendige Beweiserhebung im Rahmen eines Prozesses gespart wird.

Da das Verfahren nicht gesetzlich geregelt ist, müssen die Parteien keine Formalitäten beachten. Weiterer Vorteil ist, dass als ein zwischen den Parteien vereinbartes Begutachtungsverfahren gemäß § 204 Abs. 1 Nr. 8 BGB eine Verjährungshemmung eintritt.[140] Die Hemmung setzt mit dem Beginn des Begutachtungsverfahrens ein, dies ist in der Regel der Zeitpunkt der Beauftragung des Gutachters.[141] Sie endet gemäß § 204 Abs. 2 Satz 1 BGB sechs Monate nach Beendigung des Verfahrens. Beendet ist das Verfahren, wenn der Gutachter sein Gutachten erstellt, die Begutachtung oder seine weitere Tätigkeit abgelehnt oder einer der beiden Parteien ihren Antrag auf Begutachtung zurückgenommen hat.[142]

In dem Vorteil der bindenden Wirkung des Schiedsgutachtens liegt jedoch zugleich auch der Nachteil einer solchen Abrede, da der nach dem Gutachten belasteten Partei im Regelfall kein Gegenbeweis mehr möglich ist. Denn ein Schiedsgutachten ist nur dann ausnahmsweise angreifbar, wenn es offenbar un-

---

136 Roquette/Otto-Laumann, Vertragsbuch Privates Baurecht, C VII. Rn. 33, 39.

137 Roquette/Otto-Laumann, Vertragsbuch Privates Baurecht, C VII. Rn. 12.

138 Leitzke/Ringe, Das baurechtliche Mandat, § 23; Rn. 14; Weise, Selbständiges Beweisverfahren im Baurecht, Rn. 44.

139 BGH NJW 1952, 1296 (1296 f.); BGH DB 1968, 751; BGH NJW 1982, 1878 (1879); BGH NJW-RR 1988, 1405; OLG Düsseldorf MDR 1982, 674; OLG Düsseldorf NJW-RR 1986, 1061; Beisel, Rechtsprobleme bei Streitigkeiten wegen Bauschäden, S. 29 f.; Baumbach/Lauterbach/Albers/Hartmann-Hartmann, ZPO, Grundz. § 1025 Rn. 17; Kleine-Möller/Merl/Oelmaier-Oelmaier/Kleine-Möller, Handbuch des privaten Baurechts, 2. Aufl., § 16 Rn. 28; Palandt-Heinrichs, BGB, § 317 Rn. 8; Thomas/Putzo, ZPO, Vorbem. 1029 Rn. 5; Weise, Selbständiges Beweisverfahren im Baurecht, Rn. 44; Werner/Pastor, Der Bauprozess, Rn. 539; Zöller-Greger, ZPO, § 402 Rn. 4, 1029 Rn. 5.

140 Erman-Palm, BGB, § 204 Rn. 21; Palandt-Heinrichs, BGB, § 204 Rn. 23; Roquette/Otto-Laumann, Vertragsbuch Privates Baurecht, C VII. Rn. 9.

141 Erman-Palm, BGB, § 204 Rn. 21; Palandt-Heinrichs, BGB, § 204 Rn. 23.

142 Palandt-Heinrichs, BGB, § 204 Rn. 40.

billig ist (§ 319 Abs. 1 Satz 1 BGB).[143] Dies wird von der Rechtsprechung nur unter engen Voraussetzungen bejaht.[144]

Zu beachten ist ferner, dass, da es hier um eine parteiliche Vereinbarung handelt, sämtliche Wirkungen nur für die an der Abrede Beteiligten eintreten.[145] Gerade in Bausachen ist jedoch in der Regel eine Vielzahl von Parteien bei einem Rechtsstreit involviert. Besonders zu beachten ist, dass auch die Haftpflichtversicherung an die Feststellungen nicht gebunden ist, sofern sie an der Vereinbarung nicht beteiligt war.[146]

Von der Schiedsgutachtenvereinbarung streng zu unterscheiden ist die sogenannte Schiedsgutachtervereinbarung. Als Schiedsgutachtervereinbarung wird die Vereinbarung zwischen den Parteien und dem Sachverständigen bezeichnet, mittels derer die Parteien den Sachverständigen beauftragen, das Gutachten mit rechtsverbindlichen Feststellungen für die Parteien zu erstellen.[147] Beim Abschluss des Schiedsgutachtervertrages ist es besonders wichtig, für den Gutachter eine ganz klare und möglichst genaue Aufgabenzuweisung zu machen. Die Fragen sollten möglichst genau und konkret formuliert sein, so dass der Sachverständige exakt weiß, was er zu tun hat.[148] Anderenfalls besteht das Risiko, dass das Gutachten keine Bindungswirkung entfaltet, da der Gutachter nicht die richtigen Punkte geklärt hat. Um Streitigkeiten und Missverständnisse zu vermeiden, ist es ferner ratsam, das von dem Gutachter einzuhaltende Verfahren konkret festzulegen, insbesondere auch zum Umfang der Begutachtung (so beispielsweise wie viele Stichproben an welchen Stellen) und einer eventuellen Quotenermittlung.[149]

---

143 BGH BauR 1973, 60 (61); Beisel, Rechtsprobleme bei Streitigkeiten wegen Bauschäden, S. 30; Siegburg, Handbuch der Gewährleistung beim Bauvertrag, Rn. 2462; Weise, Selbständiges Beweisverfahren im Baurecht, Rn. 44.

144 BGH BauR 1973, 60.

145 Roquette/Otto-Laumann, Vertragsbuch Privates Baurecht, C VII. Rn. 6.

146 Roquette/Otto-Laumann, Vertragsbuch Privates Baurecht, C VII. Rn. 8; Weise, Selbständiges Beweisverfahren im Baurecht, Rn. 50.

147 RGZ 87, 190, 193 f.; Kleine-Möller/Merl/Oelmaier-Oelmaier/Kleine-Möller, Handbuch des privaten Baurechts, 2. Aufl., § 16 Rn. 24.

148 Roquette/Otto-Laumann, Vertragsbuch Privates Baurecht, C VII. Rn. 55 f.

149 Roquette/Otto-Laumann, Vertragsbuch Privates Baurecht, C VII. Rn. 59 f.

C. Gerichtliches Beweissicherungsverfahren

I. Grundlagen

Schließlich bietet sich die Einleitung eines gerichtlichen Beweissicherungsverfahrens an. Im Rahmen des in den §§ 485–494 ZPO geregelten Verfahrens können losgelöst von einem Hauptprozess Mängel, ihre Ursachen, mögliche Methoden der Beseitigung und die hierdurch ausgelösten Kosten sachverständig und gerichtsbeständig festgestellt werden. Auch kann in technischer Hinsicht die Frage geklärt werden, wer von den vielen an dem Bauvorhaben Beteiligten die Verantwortung für den Mangel trägt. Ebenso ist es möglich, auf diese Weise einen Streit darüber, ob die Bauleistung vertragsgerecht ist oder nicht, gutachterlich klären zu lassen. Des Weiteren kann es sich anbieten, auf diesem Wege die Richtigkeit der Massen, den Baustand oder den Ausführungsgrad eines Gewerkes einschließlich der Freiheit von Mängeln zum Beispiel bei einem vorzeitig gekündigten Werkvertrag feststellen zu lassen.[150]

Der praktisch relevanteste Fall des selbstständigen Beweissicherungsverfahrens ist in § 485 Abs. 2 ZPO geregelt.[151] Danach kann eine Partei, solange ein Rechtsstreit noch nicht anhängig ist, die schriftliche Begutachtung durch einen Sachverständigen beantragen, wenn sie ein rechtliches Interesse daran hat, dass

- der Zustand einer Person oder der Zustand oder der Wert einer Sache (Nr. 1),
- die Ursache eines Personenschadens, Sachschadens oder Sachmangels (Nr. 2)
- oder der Aufwand für die Beseitigung eines Personenschadens, Sachschadens oder Sachmangels (Nr. 3)

festgestellt wird. Das rechtliche Interesse ist nach § 485 Abs. 2 Nr. 3 Satz 2 ZPO immer dann gegeben, wenn die Feststellung der Vermeidung eines Rechtstreites dienen kann. Von der Rechtsprechung werden daran keine strengen Maßstäbe angelegt.[152] So lässt sie es für die Bejahung des rechtlichen Interesses schon aus-

150 Werner/Pastor, Der Bauprozess, Rn. 5.

151 Kniffka/Koeble, Baurecht, 13. Teil Rn. 41; Leitzke/Ringe, Das baurechtliche Mandat, § 23 Rn. 19; Werner/Pastor, Der Bauprozess, Rn. 27.

152 KG MDR 1992, 179 (179 f.); KG KGR 1999, 33 und 219; OLG Düsseldorf BauR 2001, 128 und 1290 (1290 f.); OLG Frankfurt/M. MDR 1991, 989; OLG Koblenz OLGR 1998, 431; OLG Oldenburg BauR 1995, 132 (133).

reichen, wenn nur eine vage Chance besteht, dass es nach der Begutachtung zu einer einvernehmlichen Streitbeilegung zwischen den Parteien kommt.[153]

Wichtig ist, dass in einem selbstständigen Beweissicherungsverfahren nur Tatsachen und relevante technische Zusammenhänge festgestellt werden können, die Klärung von Rechtsfragen ist dagegen unzulässig.[154] So darf der Sachverständige beispielsweise die technischen Verursachungsquoten bei mehreren für einen Mangel Verantwortlichen feststellen, nicht aber die daraus ggf. resultierende Haftung der einzeln klären, da es hierzu einer rechtlichen Prüfung des Sachverhaltes bedarf.[155] Anders als sonst im Zivilprozess üblich lässt das selbstständige Beweissicherungsverfahren dagegen eine Ausforschung im gewissen Umfang zu. Da im Gewährleistungsrecht die sogenannte Symptomtheorie gilt, d. h. nur der äußerlich erkennbare Mangelbefund beschrieben werden muss (z. B. "Es zieht im Raum X") und hiermit die gesamten dafür technisch verantwortlichen Gegebenheiten umfasst sind,[156] ist bspw. eine Frage wie „Worauf ist das Auftreten der Zugluft zurückzuführen?" zulässig. Eine reine Ausforschung ist dagegen unzulässig,[157] so würde bspw. die Frage „Weist die Außenfassade erhebliche Mängel auf?" von der Rechtsprechung abgelehnt.[158]

Zwei weitere mögliche Alternativen sind in § 485 Abs. 1 ZPO geregelt. Danach kann während oder außerhalb eines Rechtstreites auf Antrag einer Partei die Einnahme des Augenscheins, die Vernehmung von Zeugen oder die Begutachtung durch einen Sachverständigen angeordnet werden, wenn entweder der Gegner zustimmt oder zu befürchten ist, dass das Beweismittel verloren geht oder seine Benutzung erschwert wird. Dabei ist der erste Fall in der Praxis sehr

---

153 OLG Hamm MDR 1999, 184 (185); OLG Oldenburg BauR 1995, 132 (133); OLG Hamm OLGR 1993, 2 (3); OLG Zweibrücken OLGZ 1993, 218; LG Passau NJW-RR 1992, 767; KG BauR 1992, 403 (404); KG MDR 1992, 179 (180).

154 OLG München BauR 1993, 117 (119); OLG Köln BauR 2002, 1120 (1121).

155 OLG Frankfurt BauR 2000, 1370 (1370 f.); OLG München OLGZ 1992, 470 (471); OLG Düsseldorf NJW-RR 1997, 1312; OLG Düsseldorf BauR 1996, 896 (897); OLG München BauR 1998, 363.

156 Wichtige Beispiele dazu in: BGH BauR 1988, 474 (476); BGH BauR 1989, 79 (80 f.); BGH BauR 1997, 1029; BGH BauR 1999, 391 (391 f.); BGH BauR 2000, 73 und 261.

157 KG NJW-RR 1999, 1369; OLG Köln BauR 2002, 1120 (1120, 1123) und OLGR 2000, 264 (265); HansOLG Hamburg OLGR 1999, 144; OLG Düsseldorf MDR 1981, 324; Werner/Pastor, Der Bauprozess Rn. 56. m.w.N. in Fn. 136.

158 Werner/Pastor, Der Bauprozess, Rn. 56.

selten.[159] Der zweite Fall wird im Baurecht im Regelfall mit einem Fortschreiten der Bauarbeiten durch nachfolgende Unternehmer begründet.[160]

Gemäß § 492 Abs. 1 ZPO gelten für die Beweisaufnahme die gleichen allgemeinen Regelungen wie für die Beweisaufnahme innerhalb eines Hauptsacheverfahrens. Im Anschluss an die Beweisaufnahme erstellt der Sachverständige in Bausachen im Regelfall ein schriftliches Gutachten,[161] beim Verfahren gemäß § 485 Abs. 2 ZPO ist die Schriftlichkeit sogar ein „Muss".

Falls dieses Gutachten die Beweisfragen nicht eindeutig oder nur lückenhaft beantwortet, so können die Parteien eine mündliche Vernehmung des Sachverständigen durch das Gericht beantragen und ihm dort Fragen stellen (sogenanntes „Anhörungsrecht")[162] oder auch im Wege des schriftlichen Verfahrens beantragen, von dem Sachverständigen ergänzende und klarstellende Fragen beantwortet zu bekommen (§ 411 Abs. 4 Satz 1 ZPO). Ein solcher Antrag muss innerhalb einer angemessenen Frist nach Erhalt des Gutachtens erfolgen. Falls das Gericht selber keine Frist gesetzt hat, wird im Regelfall eine Frist von 4 Monaten als ausreichend und angemessen angesehen.[163]

II. Anwendung in der Praxis und Bedeutung

Ein großer Vorteil des selbstständigen Beweisverfahrens ist es, dass sein Ergebnis die vorweggenommene Beweisaufnahme des späteren Hauptsacheverfahrens darstellt (§ 493 Abs. 1 ZPO). Wenn die Parteien des Beweis- und des Hauptsacheverfahrens identisch sind, muss also für die strittigen Tatsachen, über die bereits in dem selbstständigen Beweisverfahren Beweis erhoben worden ist, keine neue Beweiserhebung mehr im Hauptprozess erfolgen.[164] Die Parteien können zwar im Hauptsacheprozess noch Einwendungen gegen die Art und Weise, insbesondere die Ordnungsmäßigkeit der Beweisaufnahme und die Zulässigkeit der Beweismittel vorbringen. Ein Verwertungsverbot der Ergebnisse der Beweis-

159 Kniffka/Koeble, Baurecht, 13. Teil Rn. 41; Werner/Pastor, Der Bauprozess, Rn. 11.

160 Jacob/Ring/Wolf, Handbuch des privaten Baurechts, Rn. 561; Werner/Pastor, Der Bauprozess Rn. 15.

161 Wussow, Das gerichtliche Beweisverfahren in Bausachen, S. 42.

162 BGH NZBau 2000, 249; OLG Düsseldorf NZBau 2000, 385; OLG Köln BauR 1996, 754 (755) und NJW-RR 1997, 1220; OLG Hamm OLGR 1999, 401 (402); OLG Saarbrücken NJW-RR 1994, 787; LG Hanau BauR 1985, 482 (483); LG Frankfurt BauR 1985, 603 (605); LG Köln BauR 1985, 481 (482).

163 Werner/Pastor, Der Bauprozess, Rn. 114 mit zahlreichen Rechtsprechungsnachweisen in Fn. 329.

164 OLG Düsseldorf NVwZ-RR 1993, 339; Zöller-Herget, ZPO, § 492 Rn. 1.

aufnahme besteht jedoch nur bei ganz gravierenden Verstößen.[165] Einen solchen gravierender Verstoß stellt beispielsweise die fehlende Ladung des Antraggegners zum Ortstermin dar (§ 493 Abs. 2 ZPO).

Weiterer Vorteil ist, dass mit der Einleitung des selbstständigen Beweissicherungsverfahrens eine Verjährungshemmung eintritt, die mit der Zustellung des Antrages beginnt (§ 204 Abs. 1 Nr. 7 BGB). Die Verjährungshemmung erfasst in der Regel die Gewährleistungsansprüche einschließlich eventueller Schadensersatzansprüche hinsichtlich der Baumängel, die Inhalt des Beweissicherungsverfahrens sind.[166] Nicht dagegen erstreckt sie sich auf eventuelle Gegenansprüche des Antraggegners wie bspw. dessen Anspruch auf Vergütung.[167] Ebenfalls erfasst die Verjährungshemmung nicht solche Mängel, die erst durch die Beweisaufnahme neu gefunden worden sind, da es hier an der Identität mit den in dem Beweisantrag aufgeführten Mängeln fehlt.[168] Sie endet gemäß § 204 Abs. 2 Satz 1 ZPO sechs Monate nach der rechtskräftigen Entscheidung oder anderweitigen Beendigung des Verfahrens. Regelmäßig endet das Beweisverfahren mit dem Zugang der Feststellung der Beweiserhebung.[169]

Anders als beispielsweise bei der Einholung eines Schiedsgutachtens entfällt darüber hinaus das Erfordernis einer einvernehmlichen Regelung mit dem Antragsgegner. Außerdem können Dritte über eine Streitverkündung in das Verfahren einbezogen werden. Dadurch gelten dann die Ergebnisse des Gutachtens in einem späteren Prozess auch diesen gegenüber.[170] Dies ist in Bausachen besonders wichtig, da bei den Parteien oft Regressansprüche gegenüber Dritten bestehen können, so beispielsweise beim Bauherrn gegenüber seinem Planer, Projektsteuerer oder Sonderfachmann oder beim Generalunternehmer gegenüber seinem Nachunternehmer.

Schließlich ist es ein selbstständiges Beweisverfahren auch erheblich kostengünstiger und beinhaltet daher ein geringeres Prozesskostenrisiko als ein Hauptsacheverfahren, da nur eine Gerichtsgebühr in Höhe von 0,6 anfällt (Nr. 8400 des Kostenverzeichnisses zum GKG) und grundsätzlich kein Anwaltszwang besteht (§§ 486 Abs. 4, 78 Abs. 5 ZPO).

---

165 Werner/Pastor, Der Bauprozess, Rn. 118.

166 BGHZ 66, 138; Werner/Pastor, Der Bauprozess, Rn. 100.

167 OLG Karlsruhe IBR 2003, 128.

168 OLG Köln, Schäffer/Finnern/Hochstein, Nr. 13 zu § 640 BGB; Werner/Pastor, Der Bauprozess, Rn. 102.

169 BGH BauR 2002, 1115; OLG Hamm OLGR 1999, 401 (402); Werner/Pastor, Der Bauprozess, Rn. 111.

170 BGH, Baurecht 1997, 347; Leitzke/Ringe, Das baurechtliche Mandat, § 23 Rn. 62; Werner/Pastor, Der Bauprozess, Rn. 48 m.w. Rechtsprechungsnachweisen in Fn. 114.

Nachteilig ist demgegenüber, dass der Antragsteller die von der ZPO vorgeschriebenen Formalitäten einhalten und daher oft doch schon einen Rechtsanwalt einschalten muss.[171] Auch besteht die Möglichkeit, dass das Gericht den gestellten Antrag auf Beweiserhebung ablehnt (§ 490 ZPO). Ein weiterer Nachteil besteht darin, dass anders als bei einer privater Beauftragung eines Gutachters in einem selbstständigen Beweissicherungsverfahren darüber hinaus nur bestimmte Fragen geklärt werden können.

Vor allem aber zeigt die Praxis, dass ein Beweissicherungsverfahren oft erhebliche Zeit in Anspruch nimmt.[172] Damit ist u. U. der weitere Bauablauf bzw. die Durchführung von Mängelbeseitigungsmaßnahmen über einen relativ langen Zeitraum gehemmt, wodurch wiederum Kosten bzw. Verluste entstehen können. Ebenso tritt die beabsichtigte Beschleunigung eines späteren Hauptprozesses oft nicht ein, da häufig doch noch einmal Beweis erhoben werden muss, teils weil das Gutachten mangelhaft war, nicht alles aufgeklärt wurde, die untersuchten Mängel sich weiterentwickelt haben bzw. neue aufgetreten sind oder auch die vom Gutachter vorgeschlagene Mängelbeseitigung nicht erfolgreich war.[173]

Auch kann das selbstständige Beweissicherungsverfahren u. U. doch sehr kostenintensiv werden und damit ein relativ hohes Kostenrisiko bergen, insbesondere wenn es gegen mehrere Antragsgegner geführt wird und diese sich alle durch einen Rechtsanwalt vertreten lassen.[174] So fallen beispielsweise bei einem Gegenstandswert von 6.000 € und der Teilnahme des vom Antragsteller beauftragten Rechtsanwalts an einem von dem gerichtlich bestellten Sachverständigen anberaumten Termin bereits 1.029,35 € an Gebühren allein schon für den eigenen Anwalt an.

Diese berechnen sich wie folgt:

Gegenstandswert:	6.000,00 €
1,3 Verfahrensgebühr, Nr. 3100 VV RVG	439,40 €
1,2 Terminsgebühr, Nr. 3104 VV RVG	405,60 €
Postenentgelte, Nr. 7002 VV RVG	20,00 €
Zwischensumme netto	865,00 €
19 % Umsatzsteuer, Nr. 7008 VV RVG	164,35 €
Summe brutto:	1.029,35 €

171 Weise, Selbständiges Beweisverfahren, Rn. 23; Wirth-Korbion, Handbuch Baurecht, S. 1828.

172 Beck`scher VOB-Kommentar-Hofmann, VOB/B § 3 Nr. 4 Rn. 13; Kapellmann-Hunger, Juristisches Projektmanagement, Rn. 931 f.: Roquette/Otto-Laumann, Vertragsbuch Privates Baurecht, C VII. Rn. 38; Wirth-Korbion, Handbuch Baurecht, S. 1828 f.

173 Keldungs/Tilly, Beweissicherung in Bausachen, S. 2.

174 Weise, Selbständiges Beweisverfahren, Rn. 25.

Diese Kosten lassen sich beliebig hochrechnen, wenn mehrere Rechtsanwälte beteiligt sind.

In besonders eiligen Fällen (wie beispielsweise bei einem Rohrbruch oder einem undichten Dach im Winter) empfiehlt es sich, zur Beschleunigung ein kurzes Telefonat mit dem zuständigen Richter zu führen. Hier kann geklärt werden, dass der Rechtanwalt sich mit dem vom Gericht für geeignet angesehenen Sachverständigen telefonisch in Verbindung setzt, um gleich zu erfragen, ob dieser kurzfristig zur Verfügung stehen kann. Auch könnte der Rechtsanwalt dem Gericht gegenüber seine eigene Einstandspflicht für die Vorschüsse erklären, damit die Akte sofort in Vollzug des Beschlusses zu dem Sachverständigen gesandt oder zur weiteren Beschleunigung vom Anwalt selber dort hin gebracht werden kann.[175] Eine andere Möglichkeit wäre es, einfach schon gleich im Rahmen des Antrages einen auskömmlichen Kostenvorschuss einzuzahlen, um auf diese Weise Zeit zu gewinnen.

175 Kniffka/Koeble, Kompendium des Baurechts, 13.Teil Rn. 14.

Kapitel 3. Anlage und Durchführung der Untersuchung

A. Ziele der Untersuchung

Um die Bedeutung der Beweissicherung in Bauverfahren und die möglichen Einflussfaktoren genauer zu untersuchen und mit Zahlen abzusichern, führte die Verfasserin im Rahmen der Arbeit eine Fragebogenaktion durch. Bei dieser sprach sie Baubeteiligte (insbesondere Bauherren, Bauunternehmer und Planer) und Bauberater (insbesondere Rechtsanwälte und Sachverständige) an, die jeweils ein von ihnen betreutes, bereits abgeschlossenes Bauvorhaben herausgreifen sollten.

Hauptanliegen war es, den Einfluss einer zwecks Beweissicherung baubegleitend erstellten Dokumentation auf Konflikte zwischen den Baubeteiligten zu untersuchen. Untersuchen heißt hier, die wesentlichen Einflussgrößen und deren Abhängigkeiten zu identifizieren und im Rahmen der Befragung zu überprüfen. Dazu wurde eine Reihe von Hypothesen über mögliche Zusammenhänge und Einflussgrößen entwickelt (siehe nächster Abschnitt), woraus dann die Fragen direkt oder indirekt abgeleitet wurden (siehe Abschnitt D).

B. Hypothesen

Um die Untersuchung vorzustrukturieren, wurden die zentralen Fragestellungen in Form von Hypothesen aufgeschlüsselt.

Hypothese 1:
Die eigene baubegleitende Dokumentation des Baugeschehens beeinflusst das Ob und den Verlauf von Konflikten zwischen den Baubeteiligten positiv.
Diese Hypothese stützt sich auf die Empfehlungen der einschlägigen Literatur, wonach die Bauparteien das Baugeschehen möglichst umfassend und vollständig dokumentieren sollten.[176]

176 Vgl. Dorn, Systematisierte Aufbereitung von Dokumentationstechniken zur Steuerung von Bauabläufen und zum Nachweis von Bauablaufstörungen, S. 57; Kapellmann/Schiffers, Vergütung, Nachträge und Behinderungsfolgen beim Bauvertrag, Rn. 1608; Vygen/Schubert/Lang, Bauverzögerung und Leistungsänderung, Rn. 395; Schubert, Feststellen und Dokumentieren von Bauverzögerungen, S. 96.

Die durch die Dokumentation erreichte Transparenz des Baugeschehens wirkt sich in mehrfacher Hinsicht positiv sowohl auf die Qualität der Bauleistungen, als auch auf das Verhältnis der Parteien aus:

- Da zur Erstellung der Dokumentation die Ergebnisse in regelmäßigen Abständen untersucht werden, können Probleme und Mängel frühzeitig aufgedeckt und gelöst werden,[177] insbesondere bevor man sie vertuschen kann oder ihre Beseitigung zu aufwändig wird.
- Im Falle von Konflikten werden durch die Dokumentation die Argumentation und die Kommunikation objektiviert. Daher gibt es weniger Missverständnisse und die Parteien sind kompromissbereiter.[178] Folglich ist zu vermuten, dass die Parteien in diesem Fall eher geneigt sind, sich außergerichtlich zu einigen.
- Es ist anzunehmen, dass die Auftragnehmer im Wissen um die Dokumentation und die damit verbundenen Kontrollen von vornherein eine höhere Qualität ihrer Leistungen anstreben und ansonsten eventuell vorkommenden „Schummeleien" vorgebeugt wird. Sind beispielsweise regelmäßige Teilabnahmen vereinbart oder findet eine regelmäßige Kontrolle des erreichten Bausolls durch einen Sachverständigen statt, so wird dadurch ein größerer Druck auf die Beteiligten entstehen, zumindest das hierfür erforderliche Minimum zu erfüllen.

Falls es dennoch zwischen den Parteien zu außergerichtlich nicht mehr lösbaren Konflikten kommt und daher ein Hauptverfahren eingeleitet wird, so sollte das Vorhandensein einer Dokumentation die Prozessdauer positiv beeinflussen: Denn je genauer und umfassender die Parteien das Baugeschehen dokumentiert haben, desto mehr sollten sie in der Lage sein, den Sachverhalt detailliert und für das Gericht nachvollziehbar darstellen zu können. Nachfragen und Hinweise von Seiten des Gerichtes und wiederholte Schriftsätze erübrigen sich damit. Dagegen kann sich die Partei ohne eine hinreichende Dokumentation oft nicht mehr an die genauen Einzelheiten erinnern, zumal das Baugeschehen meist schon einige Zeit zurückliegt. In diesen Fällen geht viel Zeit mit der Aufklärung des Sachverhaltes verloren. Ferner sollte auch der Beweisermittlungsprozess sei-

---

177 Dorn, Systematisierte Aufbereitung von Dokumentationstechniken zur Steuerung von Bauabläufen und zum Nachweis von Bauablaufstörungen, S. 57; Heiermann/Franke/Knipp-Kochendörfer/Viering, Baubegleitende Rechtsberatung, S. 676; Vygen/Schubert/Lang, Bauverzögerung und Leistungsänderung, Rn. 395.

178 Kapellmann/Schiffers, Vergütung, Nachträge und Behinderungsfolgen beim Bauvertrag, Bd. 1, Rn. 1608.

tens des Gerichtes abgekürzt werden, wenn mittels der Dokumentation bereits eine gute bzw. sogar ausreichende Beweislage geschaffen worden ist.

Hypothese 2:
Der Einfluss der eigenen baubegleitenden Dokumentation des Baugeschehens auf das Ob und den Verlauf von Konflikten zwischen den Baubeteiligten hängt entscheidend von dem Mittel und der Intensität der Dokumentation ab.

Es wird vermutet, dass bei höherer Qualität der Baudokumentation weniger Konflikte zwischen den Parteien auftreten bzw. wenn doch, die Parteien eher außergerichtlich einen Kompromiss finden. Grund ist, dass sich die Wirksamkeit der zu These 1 benannten Effekte bei einer höheren Qualität der Baudokumentation noch verstärken müsste. So ist beispielsweise anzunehmen, dass sich die Gegenseite leichter überzeugen lässt, wenn die Behauptung durch ein Gutachten eines Sachverständigen belegt ist als lediglich durch das von der Partei selbst erstellte Bautagebuch. Und es sollten beispielsweise regelmäßige Qualitätsprüfungen durch einen Sachverständigen die Arbeitsmoral mehr steigern als das bloße Aufstellen von Ist/Soll Vergleichen durch den beim Auftraggeber angestellten Bauleiter. Im ersten Fall sollte das Konfliktpotential deutlich niedriger sein.

In den Fällen, in denen es zu einem Hauptverfahren kommt, ist anzunehmen, dass die Qualität der Baudokumentation einen positiven Einfluss auf dessen Dauer hat, da die Beweisermittlung durch das Gericht verkürzt wird. Auch hier sollte eine steigende Qualität den Einfluss verstärken.

Die Qualität der Baudokumentation hängt zunächst von der Wahl des Dokumentationsmittels ab. Wie oben unter 2.2 ausgeführt, gibt es zahlreiche Möglichkeiten, das Baugeschehen zu dokumentieren, wobei verschiedene Beweissicherungsmaßnahmen jeweils unterschiedlichen Beweiswert haben. So hat aus den dort dargelegten Gründen beispielsweise ein Sachverständigengutachten eine erheblich höhere Beweiskraft als ein von der Partei selbst erstelltes Bautagebuch. Es ist daher anzunehmen, dass die Wirksamkeit der zu These 1 benannten Effekte und damit der Einfluss auf das Entstehen und den Ablauf von Streitigkeiten von der Wahl des Dokumentationsmittels abhängen: Je höher der Beweiswert des Mittels ist, umso weniger Streitigkeiten sollte es geben bzw. wenn doch, umso öfter sollten sich die Parteien außergerichtlich einigen bzw. desto kürzer sollte die Prozessdauer sein.

Die Qualität einer Dokumentation und damit ihr Beweiswert steigen des Weiteren mit der Intensität ihres Einsatzes. Die Intensität setzt sich wiederum aus der Häufigkeit und den erfassten Bereichen zusammen. So sollte eine tägliche Bestandsaufnahme hinsichtlich der Einhaltung von Terminen, des Qualitätsstandards und eventuellen besonderen Vorkommnissen im Bautagebuch naturgemäß einen stärkeren Beweiswert darstellen als das bloße monatliche Festhalten von besonderen Vorkommnissen. Es ist anzunehmen, dass je öfter und je umfassender dokumentiert wird, desto mehr die zu These 1 benannten Effekte auftreten und desto stärker der positive Einfluss auf Konflikte ist.

Aus den beiden Hypothesen 1 und 2 lassen sich folgende Unterthesen ableiten, die bei der Befragung untersucht werden:

- Je mehr und je umfassender ein Bauvorhaben dokumentiert wird, desto weniger Streit tritt zwischen den Beteiligten auf.
- Je mehr und je umfassender ein Bauvorhaben dokumentiert wird, desto öfter einigen sich die Parteien außergerichtlich.
- Je mehr und je umfassender ein Bauvorhaben dokumentiert wird, desto seltener kommt es zu einem Hauptsacheverfahren.
- Je mehr und je umfassender ein Bauvorhaben dokumentiert wird, desto kürzer ist ein ggf. folgendes Hauptsacheverfahren.
- Die Dauer des Hauptsacheverfahrens wird durch die Beweisermittlungen seitens des Gerichtes verlängert.
- Je mehr und je umfassender ein Bauvorhaben dokumentiert wird, desto seltener wird die Prozessdauer durch die Beweisermittlungen seitens des Gerichtes verlängert.
- Eine bessere eigene baubegleitende Dokumentation hätte auch nach Ansicht der Partei die Prozessdauer verkürzt.
- Das Mittel der Dokumentation beeinflusst die Wahrscheinlichkeit des Entstehens von Streitigkeiten; die Wahrscheinlichkeit ist am niedrigsten bei Dokumentation durch einen Sachverständigen.
- Das Mittel der Dokumentation beeinflusst die Wahrscheinlichkeit der Einleitung eines Hauptsacheverfahrens; die Wahrscheinlichkeit ist am niedrigsten bei Dokumentation durch einen Sachverständigen.
- Das Mittel der Dokumentation beeinflusst die Dauer des Hauptsacheverfahrens; diese ist am niedrigsten bei Dokumentation durch einen Sachverständigen.
- Das Mittel der Dokumentation beeinflusst die Wahrscheinlichkeit für das Erfordernis eigener Beweisermittlungen seitens des Gerichtes und damit bedingter Verzögerungen im Hauptsacheverfahren; diese ist am niedrigsten bei Dokumentation durch einen Sachverständigen.

Hypothese 3:
Die eigene baubegleitende Dokumentation des Baugeschehens beeinflusst das Ob und die Höhe des der Partei infolge von Streitigkeiten entstehenden Schadens positiv.

Streitigkeiten zwischen den Parteien ziehen oft einen Anstieg der Kosten, eine Verlängerung der Bauzeit oder auch immaterielle Schäden wie einen Imageverlust nach sich. Aus denselben wie schon eben bei Hypothese 1 dargelegten Gründen sollte die baubegleitend erstellte Dokumentation die Wahrscheinlichkeit des Entstehens und die Höhe derartiger Schäden ebenfalls positiv beeinflussen. Je weniger Streit überhaupt entsteht bzw. desto früher sich die Parteien einigen bzw. je eher ein doch eingeleitetes Hauptverfahren beendet wird, desto weniger Schaden durch Streitigkeiten sollte der Partei entstehen.

Hypothese 4:
Der Einfluss der eigenen baubegleitenden Dokumentation des Baugeschehens auf das Ob und die Höhe des der Partei infolge von Streitigkeiten entstehenden Schadens hängt entscheidend von dem Mittel und der Intensität der Dokumentation ab. Einzelne Mittel sollten eine stärkere Wirkung haben als andere. Auch sollte ein intensiverer Einsatz den festgestellten Einfluss verstärken.

Als Begründung lassen sich hier dieselben Argumente wie zu Hypothese 2 anführen; die vermuteten positiven Effekte sollten sich bei einer höheren Qualität der Dokumentation noch verstärken. Demzufolge wird auch hier angenommen, dass die Dokumentation durch einen Sachverständigen den stärksten Einfluss hat.

Hypothese 5:
Die Komplexität eines Bauvorhabens hat großen Einfluss auf das Auftreten und den Verlauf von Konflikten und den daraus entstehenden Schaden. Dieser ist negativer Natur.

Das heißt beispielsweise, dass trotz gleich bleibender Dokumentation bei höherer Komplexität eines Bauvorhabens die Wahrscheinlichkeit für Konflikte unter den Beteiligten überproportional größer ist als bei einem weniger komplexen Bauvorhaben.

Der Begriff Komplexität wird je nach Wissenschaftsgebiet und Autor unterschiedlich definiert. Im Rahmen dieser Untersuchung werden unter „komplex" aus vielen Teilen zusammengesetzte, ganzheitliche Strukturen verstanden, die durch viele verschiedene Relationen bzw. Operationen miteinander verknüpft sind. Komplex ist danach ein System, wenn es eine oder mehrere der folgenden Eigenschaften aufweist:

- Das System besteht aus vielen verschiedenartigen Teilen.
- Es gibt viele verschiedenartige Beziehungen zwischen den Teilen des Systems.
- Die Teile des Systems verändern sich ständig.

– Die Beziehungen zwischen den Teilen des Systems verändern sich ständig.[179]

Nach dieser Definition sind Bauvorhaben komplexe Systeme. Die Komplexität eines Systems hängt von verschiedenen Faktoren ab. Der für Bauvorhaben entscheidende Komplexitätsfaktor ist die Wechselwirkung (Vernetzung) der verschiedenen Elemente auf technischer, wirtschaftlicher und sozialer Ebene. Ein Beispiel für eine solche Vernetzung ist das folgende:

In einem Vertragsanbahnungsgespräch fordert der Kunde den Bauunternehmer zu einer bindenden Termin- und Preiszusage für die Rohbaufertigstellung auf. Diese solle rasch erfolgen, da er ansonsten den Vertrag mit einem anderen Bauunternehmen abschließen werde. Um diese Zusagen machen zu können, muss der Bauunternehmer nun viele verschiedene Komponenten miteinander abwägen: So muss er beispielsweise den baldigen Wintereinbruch und die damit verbundene Unsicherheit, ob und wie lange deshalb auf der Baustelle nicht gearbeitet werden kann, bedenken. Er muss abschätzen, wie hoch der Krankenstand bei den Arbeitern sein wird und ob und unter welchen Bedingungen es möglich sein wird, bestimmte Gewerke an Subunternehmer zu vergeben. Er hat zu kalkulieren, wie sich die Energiepreise entwickeln werden, er muss unvorhergesehene Zwischenfälle einplanen usw. Er hat also viele und sehr unterschiedliche Umstände zu berücksichtigen. Dabei weisen viele Aspekte der Situation Abhängigkeiten zueinander auf. So hat beispielsweise der Bauunternehmer vor, aus dem örtlichen Kegelverein auszutreten, muss aber als Folge befürchten, dass ihm dies der 1. Vorsitzende des Vereins übel nimmt und ihm daher die Produkte aus seiner Kiesgrube nicht mehr zu so günstigen Preisen wie bisher überlässt. Dadurch könnte sich das geplante Bauvorhaben verteuern. Bliebe er dagegen in dem Verein, so müsste er an sich auch an der baldigen Vereinsreise teilnehmen. Dies ist wiederum problematisch, da er an sich in dieser Zeit seinen Bauleiter für das geplante Bauprojekt vertreten müsste, weil dieser dann einen Lehrgang besucht. Die einzelnen Elemente verändern sich ständig, so wird der Kunde irgendwann zu einem anderen Unternehmer gehen, wenn der Bauunternehmer sich nicht entscheidet, verstreicht die Anmeldefrist für die Kegelreise zu einem bestimmten Zeitpunkt, steigen die Energiepreise kontinuierlich an usw.[180]

Die Komplexität eines Bauvorhabens lässt sich nicht direkt bestimmen. Im Rahmen der Vorstellung des von seiner Kanzlei zur rechtlichen Begleitung von Bauprojekten entwickelten sogenannten „Juristischen Projektmanagements“ er-

179 Dörner, Die Logik des Misslingens, S. 60 f.

180 Beispiel aus Dörner/Kreuzig/Reither/Stäudel, Lohhausen: vom Umgang mit Unbestimmtheit und Komplexität, S. 19 ff.

mittelt Kapellmann die Größe und Komplexität eines Bauprojektes anhand der Vielzahl und Art der Einzelaufgaben, der Projektdauer, der Besonderheit des Vorhabens, der Anzahl der Beteiligten und des Bauvolumens.[181] Bei der vorliegenden Untersuchung wurden diese Faktoren weitgehend übernommen und es wurde gefragt nach:

- dem *Bauvolumen:*
  Je größer das Bauvolumen, umso größer sind der Umfang und in der Regel auch die technischen Schwierigkeiten des Bauvorhabens und damit auch dessen Komplexität.[182]
- der *Dauer des Bauvorhabens:*
  Komplexe Bauvorhaben dauern in der Regel länger als einfache Bauvorhaben. Kapellmann geht demgegenüber davon aus, dass besonders lange, aber auch besonders kurze Bauprojekte zu einer hohen Komplexität führen.[183] Da „besonders" jedoch ein sehr offener Begriff ist, der sich nur schwer messen lässt und bei dem die Gefahr besteht, dass jeder Teilnehmer darunter etwas anderes versteht, beschränkte sich die vorliegende Untersuchung allein auf die objektive Größe „Bauzeit".
- der *Anzahl der Gewerke:*
  Da die „Vielzahl und Art der Einzelaufgaben" sehr schwer quantifizierbar und damit messbar ist, wurde in der vorliegenden Untersuchung stattdessen nach der Anzahl der Gewerke gefragt: Je mehr Gewerke erstellt werden, umso größer ist deren technische Vernetzung und damit wächst auch die Komplexität.
- der *Anzahl der Beteiligten:*
  Je mehr Parteien beteiligt sind, umso größer ist die Vernetzung auf sozialer und fachlicher Ebene.[184]

Auch nach der von Kapellmann als weiteren Faktor benannten „Besonderheit des Vorhabens" wurde nicht gefragt, da sich diese nur sehr schwer messen lässt. Zudem bestand wie bei der Bezeichnung einer „besonders langen" oder „besonders kurzen" Bauzeit die Gefahr, dass jeder Teilnehmer darunter etwas anderes versteht.

In den meisten Fällen sind die ermittelten vier Faktoren nicht voneinander unabhängig, das heißt, dass Bauvorhaben mit großem Bauvolumen und langer

181 Kapellmann-Kapellmann, Juristisches Projektmanagement, Rn. 20, 21 ff.

182 Kapellmann-Kapellmann, Juristisches Projektmanagement, Rn. 26.

183 Kapellmann-Kapellmann, Juristisches Projektmanagement, Rn. 23.

184 Kapellmann-Kapellmann, Juristisches Projektmanagement, Rn. 25.

Dauer auch viele Gewerke haben, die von verschiedenen Baubeteiligten erstellt werden.

Je komplexer und bzw. je stärker vernetzt ein Bauvorhaben ist, umso überproportional mehr Konflikte können potentiell auftreten.[185] Dies wird allein schon am Beispiel der Kommunikationsebenen deutlich: je mehr Personen bzw. Unternehmen an einem Projekt beteiligt sind, umso mehr Kommunikationsverbindungen gibt es und damit verbunden auch desto mehr Entstehungsmöglichkeiten für Konflikte. Die verschiedenen Arbeiten sind in vielfältiger Weise voneinander abhängig, so hängt beispielsweise die Installation eines Abdichtungssystems von technischen Rahmenbedingungen ab, die von einem anderen Baubeteiligten erstellt wurden. Je mehr und je komplexer diese Verzahnungen sind, umso mehr sollte das Risiko von Fehlern und Missverständnissen und damit auch von Konflikten steigen.

Falls sich auch die Hypothesen 1–4 als richtig herausstellen, würde dies für die Praxis bedeuten, dass die Parteien bei komplexeren Bauvorhaben mehr dokumentieren müssen, um Konflikte zu vermeiden bzw. diese zu einem rascheren Ende mit möglichst geringem Schaden zu führen.

Hypothese 6:
Die vorprozessuale Beweissicherung durch ein selbstständiges Beweissicherungsverfahren hat positiven Einfluss auf Erfordernis und Dauer eines Hauptverfahrens und Ausmaß des bei der Partei verursachten Schadens.

Wie oben unter Kapitel 2.C bereits dargelegt, bietet das selbstständige Beweissicherungsverfahren die Möglichkeit, bereits vorprozessual Mängel, ihre Ursachen, den Verursacher, mögliche Methoden der Beseitigung und die damit verbundenen Kosten feststellen zu lassen. Die getroffenen Feststellungen des Sachverständigen haben grundsätzlich bindende Wirkung für den Fall eines Hauptprozesses (§ 493 Abs. 1 ZPO). Nachdem damit also die vorher strittigen Tatsachen von dem Sachverständigen nun in die eine oder andere Richtung festgelegt wurden, ist anzunehmen, dass die Parteien eher zu einer außergerichtlichen Einigung bereit sind. Obgleich es hierzu viele kritische Stimmen in der Literatur gibt (vgl. oben unter Kapitel 2.C.II), ist des Weiteren anzunehmen, dass infolge der Vorwegnahme der Beweisermittlung zumindest die Prozessdauer eines nachfolgenden Hauptprozesses wesentlich beschleunigt wird.

Aus dieser Hypothese lassen sich folgende Unterthesen ableiten, die bei der Befragung untersucht werden:

---

185 Kapellmann-Kapellmann, Juristisches Projektmanagement, Rn. 21 ff.

- Durch ein selbstständiges Beweissicherungsverfahren werden Hauptverfahren vermieden, die Parteien einigen sich bereits außergerichtlich.
- Bei Durchführung eines selbstständigen Beweissicherungsverfahrens wird die Dauer des nachfolgenden Hauptsacheverfahrens verkürzt.
- Bei Durchführung eines selbstständigen Beweissicherungsverfahrens entsteht der Partei weniger Schaden durch die Streitigkeit.

Hypothese 7:
Ein externes Projektmanagement beeinflusst das Ob und den Verlauf von Konflikten zwischen den Baubeteiligten positiv.

Es wird vermutet, dass bei Einsatz eines externen Projektmanagements weniger Konflikte zwischen den Bauparteien auftreten bzw. diese sich rascher einigen.

Der Hauptgrund für die Wahl eines externen Projektmanagement ist neben möglicher Ressourcenknappheit die Erwartung, dass eine stärkere Professionalisierung der Projektleitung zu besseren Ergebnissen und damit zu weniger bzw. schneller gelösten Konflikten führt. Ein externer Projektsteurer übernimmt das Projektmanagement im Gegensatz zum Bauherrn hauptberuflich. Daher hat er für diese Aufgaben ein besseres Fachwissen und die einschlägigen technischen und methodischen Kompetenzen. Außerdem bringt er mehr Erfahrungen mit. Da er einen neutralen Blick auf die Vorgänge hat, kann er diese oft besser beurteilen und entsprechend agieren. Auch ist zu vermuten, dass die Gegenseite mit ihm eine größere Objektivität verbindet und sich von ihm daher leichter überzeugen lässt als von dem Bauherrn selbst. Zudem ist es gerade eine der Aufgaben eines Projektmanagers, mögliche Konflikte zu erkennen und zu lösen.

Hypothese 8:
Die eigene baubegleitende Dokumentation wird vom Gericht im Hauptverfahren oft für nicht ausreichend erachtet, so dass es daneben noch selber Beweis einholen muss.

In vielen Bauprozessen liegen die Schwierigkeiten weniger in der rechtlichen Bewertung, sondern vielmehr in der Sachverhaltsermittlung und Beweisführung.[186] Die Parteien scheinen nicht in der Lage zu sein, das Baugeschehen hinreichend zu dokumentieren. Dieser Frage wird mit der Hypothese 8 nachgegangen.

Es wird angenommen, dass die durch die Parteien vorgenommene Beweissicherung häufig nicht ausreicht, um das Gericht im Prozess zu überzeugen. Zum einen wird vermutet, dass die Parteien die Beweise zu lückenhaft und unzurei-

---

186 Beisel, Rechtsprobleme bei Streitigkeiten wegen Bauschäden, S. 29; Kniffka, NZBau 2000, 2 (2 ff., 4); Voth, BauR 1988, 666 (670); Werner/Pastor, Der Bauprozess, Rn. 2589.

chend sichern. Zum anderen sind, wie oben unter Kapitel 2.B dargelegt, sämtliche nicht hoheitlich erstellte bzw. parteilich bindend eingeholte Tatsachenfeststellungen im Prozess nur als Parteivortrag anzusehen. Sie sind daher im Zweifel angreifbar, so dass dann eine weitere Beweiserhebung beispielsweise durch Zeugenvernehmung, Gutachteneinholung oder Durchführung eines Ortstermins erforderlich wird.

C. Methode

Die Verfasserin wählte als Datenerhebungsmethode die schriftliche Befragung mittels eines standardisierten Fragebogens.

Diese Methode ist für eine möglichst umfassende und verallgemeinerungsfähige Datenermittlung besonders geeignet. Zum einen sind gegenüber einem persönlichen oder telefonischen Interview die Kosten und der Aufwand wesentlich geringer,[187] zum anderen bietet diese Vorgehensweise folgende inhaltliche und methodische Vorteile:

- Es gibt keinen Interviewer, dessen Auftreten, Verhalten oder Eigenschaften den Befragten beeinflussen könnten.[188]
- Die Befragten werden daher u. U. ehrlicher antworten.[189]
- Die Befragten können ihre Antworten besser durchdenken, da sie mehr Zeit zum Ausfüllen haben und diese selbst festlegen können.[190] Dies war bei der vorliegenden Untersuchung besonders bedeutsam, da einige der Fragen wie beispielsweise nach den Einzelheiten der Dokumentation oder dem durch Streitigkeiten ggf. entstandenen Schaden nicht so einfach und schnell zu beantworten waren.
- Entsprechend sollte auch die Konzentration und Motivation der Befragten höher sein, da sie selber auswählen können, wo und wann der Fragebogen ausgefüllt wird.[191]

---

187 Diekmann, Empirische Sozialforschung, S. 439; Schnell/Hill/Esser, Methoden der empirischen Sozialforschung, S. 335, 335 f.

188 Diekmann, Empirische Sozialforschung, S. 439.

189 Schnell/Hill/Esser, Methoden der empirischen Sozialforschung, S. 336.

190 Diekmann, Empirische Sozialforschung, S. 439; Schnell/Hill/Esser, Methoden der empirischen Sozialforschung, S. 336.

191 Schnell/Hill/Esser, Methoden der empirischen Sozialforschung, S. 336.

– Ferner kann die zugesagte Einhaltung der Anonymität leichter vermittelt werden.[192]

Um eine mit einer schriftlichen Befragung meist verbundenen erhebliche Ausfallquote[193] zu vermeiden, kündigte die Verfasserin das Zusenden des Fragebogens vorher bereits telefonisch an und erinnerte die Adressaten rund zwei Wochen nach der Zusendung noch einmal telefonisch daran. Des Weiteren sagte sie eine Zusendung der Zusammenfassung der Ergebnisse der Umfrage zu, um so einen Anreiz für die Teilnahme zu schaffen. Außerdem versuchte sie, das Layout des Fragebogens ansprechend zu gestalten und die Fragen einfach und klar aufzubauen, um die Teilnehmer zu motivieren und das Manko auszugleichen, keinen direkten Ansprechpartner für eventuelle Rückfragen zu haben. Daneben legte sie den Bogen auf mehreren Fachveranstaltungen aus, um so persönlich ansprechbar zu sein.

Die Fragen wurden standardisiert, um verallgemeinerbare, vergleichbare und valide Daten gewinnen zu können. Nur an einigen Punkten war eine offene Antwort zugelassen: zum einen an Stellen, wo Anregungen erwünscht waren, wie beispielsweise zur Verkürzung von Gerichtsprozessen. Und zum anderen bei Fragen, bei denen nicht alle Varianten vorhergesehen werden konnten, so beispielsweise bei der nach den möglichen Gründen dafür, keine baubegleitende Dokumentation erstellt zu haben.

D. Aufbau des Fragebogens

Der als Anlage beigefügte Fragebogen besteht aus sechs Seiten und insgesamt 38 einzelnen Fragen, die in zehn Fragenkomplexen zusammengefasst sind.

Zu Beginn des Fragebogens stellt die Verfasserin das Promotionsvorhaben und das Ziel der dazu durchgeführten Befragung kurz vor. Dann bittet sie den jeweiligen Teilnehmer, die nachfolgenden Fragen auf ein bestimmtes, von ihm betreutes Bauvorhaben zu beziehen und ihm dabei nicht exakt bekannte Größen zu schätzen. Das Bauvorhaben soll bereits abgeschlossen sein, damit bestimmte Größen wie das Bauvolumen, die Anzahl der Baubeteiligten, der Aufwand für die erstellte Dokumentation u. ä. abschließend angegeben werden konnten. Um

192 Schnell/Hill/Esser, Methoden der empirischen Sozialforschung, S. 336.

193 So: Diekmann, Empirische Sozialforschung, S. 439; Schnell/Hill/Esser, Methoden der empirischen Sozialforschung, S. 336.

sowohl Bauvorhaben mit, als auch Bauvorhaben ohne Streit bzw. ohne ein Hauptverfahren zu erfassen, verzichtete die Verfasserin demgegenüber bewusst auf eine weitere Einschränkung auf „nur mit bereits abgeschlossenem Hauptsacheverfahren".

Als nächstes kommen dann fünf allgemeine Fragenkomplexe zu:
- der eigenen Rolle des Teilnehmers bei dem Bauvorhaben,
- dem Bauvolumen,
- der Unternehmereinsatzform,
- der Anzahl der beteiligten Unternehmen,
- der Anzahl der Gewerke,
- der Bauzeit.

Darauf folgen vier Fragenkomplexe, die sich mit der Dokumentation des Bauvorhabens befassen:
- ob, in welcher Form, wie oft, von wem und für welche Bereiche eine baubegleitende Dokumentation und/oder Zwischenabnahmen und/oder die Begutachtung durch einen Sachverständigen erfolgt ist,
- ggf. wie groß der Aufwand für die Dokumentation war,
- ggf. ob eine Software für die Dokumentation benutzt wurde,
- ggf. weshalb keine Dokumentation durchgeführt wurde,
- wie von dem Teilnehmer allgemein der Effekt einer vollständigen Dokumentation eingeschätzt wird, wobei hier vier mögliche positive Wirkungen vorgegeben werden, die von dem Teilnehmer mit einem Faktor von 1 (niedrig) bis 5 (hoch) bewertet werden sollen.

Am Ende stehen drei Fragenkomplexe zu dem Thema Streitigkeiten und dem daraus resultierendem Schaden:
- ob dem Fragebogenteilnehmer selbst bzw. der von ihm betreuten Partei bei dem Bauvorhaben ein Schaden durch Streitigkeiten entstanden ist,
- wenn ja, wie Art und Höhe des Schadens sind,
- ob es zu einem Gerichtsprozess (Hauptsacheverfahren) infolge von Parteistreitigkeiten kam,
- ggf. wie Dauer und Art des Verfahrensausganges sind,
- ggf. ob nach Ansicht des Teilnehmers der Prozess durch die erforderlichen Beweisermittlungen verzögert wurde und wenn ja, welchen Grund er dafür als Ursache ansieht,
- ggf. ob nach Ansicht des Teilnehmers eine bessere Dokumentation des Bauvorhabens die Verzögerung hätte verhindern können,

- ggf. ob die Parteien vor dem Hauptprozess ein selbstständiges Beweissicherungsverfahren durchgeführt haben,
- ggf. wie die vorhandene Dokumentation vom Gericht bewertet worden ist,
- wie nach Ansicht des Teilnehmers allgemein einer Verzögerung des Prozesses durch die erforderlichen Beweisermittlungen entgegengewirkt werden könnte, wobei hier mehrere Maßnahmen zur Auswahl stehen und darüber hinaus eigene Vorschläge gemacht werden können.

E. Durchführung der Befragung

In einem Probelauf mit rund 20 Teilnehmern testete die Verfasserin zunächst den Aufbau des Fragebogens und seine Verständlichkeit. Die eigentliche Befragung führte sie vom 1.5.2004 bis zum 31.3.2005 mit einem leicht überarbeiteten Fragebogen durch.

Um Teilnehmer zu akquirieren, sprach sie bundesweit rund 200 Bauunternehmen, ungefähr 40 Kanzleien und ca. 40 Architekten und Sachverständige telefonisch an. Ungefähr die Hälfte (rund 140) erklärte sich mit einer Teilnahme einverstanden, dieser sandte sie die Fragebögen dann per Post bzw. E-Mail zu. Nach ungefähr zwei Wochen erinnerte sie die Adressaten noch einmal telefonisch bzw. per Mail an die Befragung. Dies erwies sich als sehr hilfreich, da mindestens die Hälfte der Befragten die Befragung vergessen hatte.

Als weitere Möglichkeit Befragte zu akquirieren, nutzte die Verfasserin Veranstaltungen, die von der Zielgruppe frequentiert wurden. So legte sie am 5.5.2004 bei einem Vortrag der Deutschen Gesellschaft für Baurecht, am 9.6.2004 auf einer Seminarveranstaltung der Baukammer Berlin und am 15.6.2004 bei einem Vortrag des Bundes Deutscher Baumeister, Architekten und Ingenieure die Fragebögen aus. Hierdurch wurden noch einmal rund 200 Architekten, Bauunternehmer, Sachverständige und Rechtsanwälte erreicht.

Die Teilnehmer konnten den Fragebogen entweder „auf dem Papier“ oder interaktiv in einer per Mail übersandten Version ausfüllen. Die Bearbeitungszeit lag bei ungefähr 30 Minuten.

Letztlich hatten 68 Personen den Fragebogen beantwortet, damit lag die Rücklaufquote bei rund 20 %.

F. Stichprobe

Ziel der Befragung war es, eine möglichst große Anzahl von Bauvorhaben zu erhalten, um die oben dargelegten Zusammenhangshypothesen überprüfen zu können. Den Teilnehmern war die Auswahl des Bauvorhabens freigestellt, sie sollten lediglich selber in irgendeiner Form an dem Projekt beteiligt gewesen und es sollte bereits abgeschlossen sein. Abgeschlossen deshalb, weil die Teilnehmer bestimmte erfragte Umstände wie die Einzelheiten und den finanziellen Aufwand für die baubegleitende Dokumentation erst nach Abschluss des Projektes abschließend feststellen konnten.

Damit handelt es sich um eine so genannte willkürliche Stichprobenauswahl. Dies bedeutet, dass die Stichprobenziehung nicht nach bestimmten festen Regeln erfolgt.[194] Wie ausgeführt, stand die Teilnahme im Ermessen des einzelnen Fragebogenteilnehmers. Eine andere Vorgehensweise – die Bestimmung einer sogenannten repräsentativen Stichprobe, die nach genauen, hierzu von der Sozialforschung entwickelten Auswahlmethoden erfolgt – erschien hier prinzipiell kaum möglich, da sich die interessierende Gesamtmenge „bereits abgeschlossene Bauvorhaben der letzten Jahre in der Bundesrepublik Deutschland" schwerlich bis ins letzte Detail eingrenzen lässt. Auch ließen die bei der Untersuchung zur Verfügung stehenden Ressourcen an Zeit und Geld keine andere Vorgehensweise zu. Zudem kann man davon ausgehen, dass durch die freie Auswahl die Motivation der Teilnehmer zur Mitarbeit erheblich größer ist.

Vor allem aber bezweckte die Untersuchung eine reine Überprüfung von Zusammenhangshypothesen, so beispielsweise der Hypothese des Bestehens eines Zusammenhanges zwischen einem Mehr an baubegleitender Dokumentation und einem Weniger an Schaden durch Streitigkeiten. Um das Vorhandensein von vermuteten Zusammenhängen untersuchen zu können, muss die Stichprobe nicht unbedingt tatsächlich die Gesamtmenge repräsentieren.[195] Wichtig war daher eine möglichst große Tiefe der Befragung: Da die möglichen Zusammenhänge noch nicht klar waren, mussten möglichst viele Faktoren ermittelt werden, die eventuell eine Rolle spielen könnten.

Demgegenüber steht das Durchführen einer Untersuchung zum Auffinden von Aussagen zu der Grundgesamtheit wie beispielsweise den Anteilen der Wählerstimmen für die einzelnen Parteien für das Abgeordnetenhaus in der Grundgesamtheit der Berliner Wähler. In so einem Fall muss die Stichprobe stellvertre-

194 Diekmann, Empirische Sozialforschung, S. 328 f.; Schnell/Hill/Esser, Methoden der empirischen Sozialforschung, S. 277.

195 Diekmann, Empirische Sozialforschung, S. 329, 369.

tend für die Gesamtheit der Population sein, das heißt deren Struktur möglichst exakt abbilden, um eine sinnvolle Schätzung abgeben und eine quantitativ repräsentative Aussage treffen zu können.[196] Die vorliegende Studie untersuchte derartige Aussagen jedoch nicht.

G. Auswertung der Fragebögen

Zur Auswertung erfasste die Verfasserin die Daten in MS Excel-Tabellen. Ein Teil der Ergebnisse waren dabei Zahlenwerte (z. B. das Bauvolumen), andere waren ja/nein-Antworten (z. B. nach einem externen Projektmanagement) und weitere multiple-choice-Antworten (z. B. Häufigkeit der Abnahme: ob wöchentlich, monatlich etc.). Anschließend wurden einzelne der Ergebnisse zu so genannten Indizes zusammengefasst (siehe unten).

Die eigentliche Auswertung der Daten erfolgte dann mit dem Excel-Instrument der Pivot-Tabelle. Dies ist ein hervorragendes Werkzeug zum Auffinden von möglichen Zusammenhängen, da damit Daten ohne großen Aufwand berechnet, zusammengefasst, verschoben und gefiltert werden können. Die Zeilen und Spalten in einer Pivot-Tabelle werden dabei zu Analysezwecken beliebig gedreht und verschoben, so dass die Daten unterschiedlich dargestellt oder zusammengefasst werden ohne den ursprünglichen Datenbestand zu verändern.[197]

Je nach dem, welche Form im Einzelfall geeigneter war, einen Zusammenhang darzustellen, wurden die Ergebnisse der Datenanalysen dann anhand von Tabellen oder Abbildungen wiedergegeben.

H. Methoden zur Auswertung und Zusammenfassung der Ergebnisse

Um die erfassten Daten beurteilen und interpretieren zu können, mussten diese noch einer Reihe von Rechenoperationen und Umformungen unterworfen werden. Da sich die vorliegende Arbeit an größtenteils nicht soziologisch und statis-

196 Diekmann, Empirische Sozialforschung, S. 329, 369.

197 Microsoft Press Computer-Fachlexikon mit Fachwörterbuch (deutsch-englisch/englisch-deutsch), URL: http://www.hirzel.org/book/ (abgerufen am 10.12.2007); Alexandra von Cube, Hilfestellung für Anwendersoftware, Pivottabellen in Excel, Bearbeitungsstand: 15.4.2003, URL: http://www.hrz.uni-dortmund.de/S3/alexandra/helpdesk/Excel/ExcelPivottabellen/Pivot-Tabellen.htm (abgerufen am 10.12.2007).

tisch vorgebildete Leser richtet, ist es aus methodischen Gründen erforderlich, diese im nachfolgenden kurz zu erläutern. Der Leser, den dies nicht interessiert, mag in Kapitel 4 weiter lesen, auf der die Vorstellung der Ergebnisse beginnt.

I. Mittelwert

Zunächst wurde bei den beschreibenden Daten wie beispielsweise der Größe des Bauvolumens, der Anzahl der Baubeteiligten oder der Höhe des durch Streitigkeiten entstanden Geldschadens der einfache Mittelwert, das so genannte arithmetische Mittel berechnet, um die zentrale Tendenz aufzeigen und eine Vergleichsgrundlage bilden zu können. Zur Berechung des arithmetischen Mittels werden die einzelnen Werte einer Reihe addiert und die sich daraus ergebende Summe dann durch die Zahl der Merkmalsausprägungen (d. h. durch die Gesamtheit) dividiert.[198]

II. Median

Als weiterer Mittelwert wurde der Median aufgezeigt. Dies ist bei Merkmalsausprägungen, die sich sinnvoll in einer Reihe ordnen lassen, der Wert, der genau in der Mitte dieser Reihe liegt. Er teilt also die Reihe in zwei Hälften mit der gleichen Anzahl von Merkmalsausprägungen.[199] Gegenüber dem arithmetischen Mittelwert hat der Median den Vorteil, robuster gegenüber Ausreißern (extrem abweichenden Werten) zu sein.[200]

III. Gewichtung

An den Stellen, bei denen die einzelnen Faktoren eine unterschiedliche Bedeutung hatten, wurde bei der Mittelwertbildung eine Gewichtung eingeführt. Der Mittelwert berechnete sich dann über die Summe der Produkte aus Faktor und Gewichtung, geteilt durch die Summe der Gewichtungsfaktoren.

---

198 Vgl. Benninghaus, Einführung Datenanalyse, S. 134; Diekmann, Empirische Sozialforschung, S. 558; Monka/Voß, Statistik am PC, S. 77; Voß, Taschenbuch Statistik, S. 115.

199 Voß, Taschenbuch Statistik, S. 127.

200 Voß, Taschenbuch Statistik, S. 130.

So ergaben sich beispielsweise bei der Frage nach der Häufigkeit der durchgeführten Dokumentation des Baugeschehens im Ergebnis 4 verschiedene Varianten, „mindestens täglich“, „mindestens wöchentlich“, „mindestens 14-tägig“ und „nur bei besonderem Anlass“. Diese wurden ihrer Bedeutung nach unterschiedlich gewichtet. So ging „mindestens täglich“ mit 100 %, „mindestens wöchentlich“ mit 50 %, „mindestens 14-tägig“ mit 25 % und „nur bei besonderem Anlass“ mit nur 10 % in die Variable „Häufigkeit“ ein.

Welche Gewichtungsfaktoren im Einzelfall verwandt wurden, wird nachfolgend jeweils bei den einzelnen Punkten erklärt.

IV. Klassenbildung

Ein weiteres Instrument der Ordnung und Kategorisierung der Daten ist die Bildung von Klassen. Dies bedeutet, dass benachbarte Werte jeweils zu einem Intervall zusammengefasst werden.[201] Auf diese Weise wird die Gesamtheit der Daten überschaubarer.[202] Außerdem wird ein besserer Eindruck vom Gesamtmuster der jeweiligen Verteilung der Werte vermittelt.[203]

Vorliegend wurde ein Teil der Daten in verschiedene Größenklassen eingeteilt. So wurden beispielsweise bei den Bauprojekten drei Klassen anhand der Höhe des Bauvolumens gebildet.

V. Indexbildung

Einige der untersuchten Zusammenhänge und Fragestellungen sind durch einen einzelnen Indikator bzw. eine einzelne Dimension nicht ausreichend bestimmbar. So kann beispielsweise der einer Partei durch Streitigkeiten entstandene Schaden vielfältiger Natur sein und somit nicht durch eine einzige Frage im Fragebogen erfasst werden. Eine mögliche Explikation des Begriffes „Schaden“ kann beispielsweise die Aspekte „Bauverzögerung“, „Kostenanstieg“ und „sonstiger Schaden“ enthalten.

Um den einer Partei möglicherweise entstandenen Schaden zu ermitteln, müssen daher diese verschiedenen Aspekte als einzelne Fragen formuliert und dann

201 Benninghaus, Einführung Datenanalyse, S. 101; Monka/Voß, Statistik am PC, S. 67; Voß, Taschenbuch Statistik, S. 565.

202 Voß, Taschenbuch Statistik, S. 565.

203 Benninghaus, Einführung Datenanalyse, S. 101.

bei der Auswertung zusammengefasst werden. Dies bedeutet, dass, um in solchen Fällen eine hinreichende Genauigkeit zu schaffen, zunächst die Einzelindikatoren getrennt gemessen und dann zu einer neuen Variablen, dem so genannten Index zusammengefasst werden müssen.[204]

Allgemein müssen bei einer solchen Indexkonstruktion im Vorfeld zwei verschiedene Probleme geklärt werden:

1. Welche Dimensionen (Einzelindikatoren) sollen in den Index eingehen?
2. Wie sollen die Dimensionen (Einzelindikatoren) kombiniert werden?[205]

Wie dies im Einzelfall konkret gemacht wurde, wird bei der Vorstellung der Indizes jeweils erläutert. Ausführlichere Darstellungen für eine ernsthafte theoretische Nacharbeit befinden sich darüber hinaus im Anhang.[206]

VI. Normierung

Ein weiteres statistisches Instrument ist die Normierung. Sofern numerische Ergebnisse unterschiedlicher Einheiten oder unterschiedlicher Größenordnungen vorliegen, muss ein einheitlicher Maßstab eingeführt werden, um diese vergleichbar zu machen. Hierzu gibt es verschiedene Möglichkeiten.[207] Im Rahmen der vorliegenden Untersuchung wurde in diesen Fällen der Prozentsatz jedes Einzelergebnisses im Verhältnis zum höchsten bzw. niedrigsten Einzelergebnis bestimmt. Der sich daraus ergebende Wert war dann mit den anderen vergleichbar und konnte zur Auswertung herangezogen werden.

Beispielsweise war zu der Frage der Bewertung des Ausmaßes der von dem Teilnehmer selbst durchgeführten baubegleitenden Dokumentation eine Unterteilung in Teildimensionen erforderlich. So wurden bei der Umfrage die drei Indikatoren „Maßnahmen", „Häufigkeit" und „Bereiche" der baubegleitenden Dokumentation gemessen. Da diese Indikatoren so direkt nicht vergleichbar sind, musste eine Normierung durchgeführt werden. Hierzu wurde der Prozentsatz jedes Einzelergebnisses in Verhältnis zum höchsten Einzelergebnis des jeweiligen Indikators gesetzt. Dadurch wird angezeigt, welchen Prozentsatz jeder Teilnehmer in den einzelnen Bereichen im Verhältnis zu dem jeweils höchsten Wert

204 Vgl. Schnell/Hill/Esser, Methoden der empirischen Sozialforschung, S. 160 f.

205 Schnell/Hill/Esser, Methoden der empirischen Sozialforschung, S. 161.

206 Unter Anhang II – Theoretischer Hintergrund zur Indexbildung.

207 Vgl. dazu i. E. Voß, Taschenbuch Statistik, S. 515.

erreicht hat. Damit können die Ergebnisse der verschiedenen Indikatoren nun untereinander verglichen werden.

VII. Ergänzung fehlender Werte

Teilweise lagen sowohl qualitative als auch quantitative Ergebnisse zu einem Fragenkomplex vor. So hatten z. B. sechs Befrage zwar eine Bauverzögerung bejaht, ohne jedoch die konkrete Zeit anzugeben. Für diese Antworten wurde als Zahlenwert der Mittelwert der von den anderen Teilnehmern angegebenen Zahlen verwendet.

VIII. Standardabweichung

Um eine Aussage treffen zu können, wie sich die gefunden Werte verteilen, ob sie beispielsweise sehr einheitlich sind oder stark divergieren, wurde an einigen Stellen die Standardabweichung errechnet.

Die Standardabweichung ist ein Maß für die Streuung von Werten einer Verteilung um das arithmetische Mittel. Sie zeigt an, wie die Ausprägungen eines Merkmals im Durchschnitt vom Mittelwert der Gesamtheit abweichen. Rechnerisch gesehen, ist sie die Quadratwurzel aus dem Mittelwert der quadrierten Abweichungen vom Mittelwert.[208]

Die Standardabweichung gibt also an, wie repräsentativ der Mittelwert für alle Werte ist. Je kleiner die Standardabweichung ist, desto besser spiegelt der Mittelwert alle Werte wieder. Umgekehrt bedeutet ein hoher Wert der Standardabweichung, dass die einzelnen Ausprägungen sehr stark vom Mittelwert abweichen.

IX. Korrelationskoeffizient nach Bravais/Pearson

An vielen Stellen in der Auswertung ging es darum, festzustellen, ob ein Zusammenhang zwischen zwei Größen besteht und wenn dies der Fall ist, wie ausgeprägt dieser ist.

Hierzu wurde mittels der Excel-Funktion „Pearson (...;...)" eine besondere statistische Maßzahl berechnet, der sogenannte Korrelationskoeffizient nach Bravais/Pearson. Dieser kann nur Werte zwischen -1 und +1 annehmen. Bei einem

208 Diekmann, Empirische Sozialforschung, S. 563 f.; Voß, Taschenbuch Statistik, S. 147.

Wert von +1 bzw. -1 ist eine vollständige positive bzw. negative Abhängigkeit anzunehmen. Liegt er dagegen bei 0, so ist überhaupt keine lineare Beziehung zwischen den beiden Merkmalen festzustellen.[209]

Es gilt also: Je näher der Korrelationskoeffizient $|r|$ bei 0 ist, desto schwächer ist der lineare Zusammenhang zwischen zwei Größen (Korrelation). Ist der Korrelationskoeffizient kleiner als 0, ist der Zusammenhang fallend, d. h. eine Größe fällt, wenn die andere ansteigt. Ist der Korrelationsindex 1 oder -1 ist ein exakt linearer Zusammenhang gegeben.

Zur Illustration des Korrelationskoeffizienten sind in Abbildung 3-1 Beispiele aus dieser Arbeit abgebildet: Als Beispiel für einen sehr niedrigen Korrelationskoeffizienten ist auf der linken Seite die Prozessdauer über dem Gesamtdokumentationsindex für verschiedene Bauvorhaben aufgezeigt. Man erkennt nur eine Punktwolke, das heißt, es gab sowohl Bauvorhaben mit einer kurzen Prozessdauer, die viel dokumentiert haben als auch solche mit geringer Dokumentation. Auf der rechten Seite ist dagegen die Prozessdauer über dem Sachverständigeneinsatz aufgetragen. Hier erkennt man durchaus eine Tendenz: Bei hohem Sachverständigeneinsatz sinkt die Prozessdauer. Da der Zusammenhang nicht eindeutig linear und fallend ist, beträgt der Korrelationsindex für dieses Beispiel -0,67.

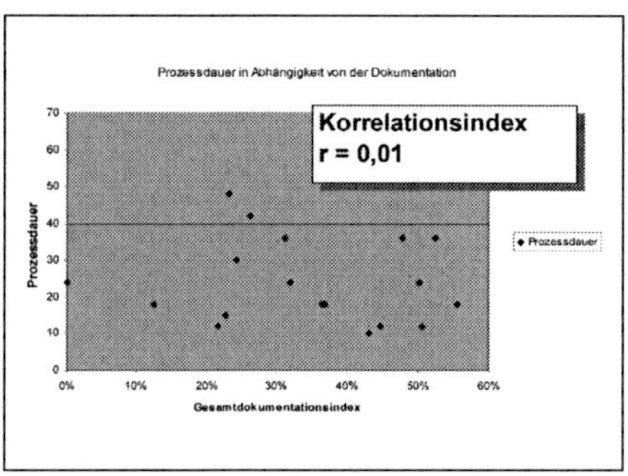

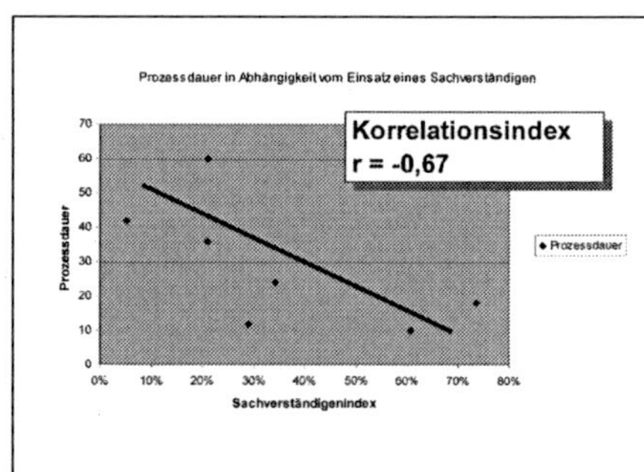

Abbildung 3-1 Illustration des Korrelationskoeffizienten nach Bravais/Pearson[210]

209 Matthäus/Schulze, Statistik mit Excel, S. 131.

210 Beispiel wurde entnommen: http://de.wikibooks.org/wiki/Mathematik:_Statistik:_Korrelationsanalyse (abgerufen am 18.1.2008).

Kapitel 4. Ergebnisse der Untersuchung

A. Einführung

Nachfolgend werden die in der Untersuchung erlangten Ergebnisse dargestellt. Dabei wird zunächst unter B eine Übersicht anhand der direkt ablesbaren Zahlen gegeben. Dann werden unter C die für die Auswertung des Datenmaterials entwickelten Indizes vorgestellt. Schließlich erfolgt unter D die Überprüfung der einzelnen Hypothesen anhand der gewonnen Daten.

B. Übersicht der Ergebnisse

I. Einführung

Als erstens werden die aus dem Datenmaterial direkt ablesbaren Ergebnisse wiedergegeben. Dabei orientiert sich die Darstellung an der durch die Fragen im Fragebogen vorgegebenen Reihenfolge.

II. Rolle der Befragten

Der Großteil der Teilnehmer waren Bauunternehmer (28 %) und Rechtsanwälte (40 %). Rund ein Zehntel waren baubegleitende Sachverständige (9 %). Darauf folgten die Architekten (6 %), die sonstigen (4 %) und dann die Gruppen der Bauleiter, Generalunternehmer, Sonderfachleute und Bauherren (jeweils mit 3 %). Nur ganz gering war der Anteil der Bauträger (mit 1 %) (siehe Tabelle 4-1).

Die relativ große Zahl der Bauunternehmer erklärt sich dadurch, dass die Verfasserin diese gezielt ansprach, da sie bei ihnen – wie sich zeigte zurecht – besonders großes Interesse und breite Erfahrungen erwartete. Die hohe Zahl der Rechtsanwälte ergab sich durch deren ebenfalls große Teilnahmebereitschaft, die auf ihr verstärktes Interesse an der Fragestellung zurückzuführen ist.

Rolle des Teilnehmers	Anzahl	rel. Anzahl
Bauherr	2	3 %
Architekt	4	6 %
baubegleit. SV	6	9 %
Bauleiter	2	3 %
Bauträger	1	1 %
Bauunternehmer	19	28 %
Generalunternehmer	2	3 %
Rechtsanwalt	27	40 %
Sonderfachmann	2	3 %
sonstige	3	4 %
Summe der Teilnehmer	68	100 %

Tabelle 4-1 Rolle der Untersuchungsteilnehmer

III. Umfang der Bauvorhaben

1. Bauvolumen

Bei den 68 bewerteten Bauvorhaben reichten die Bauvolumina von 13 T€ als unterstem bis zu 251.000 T€ als höchstem Wert. Der arithmetische Mittelwert lag bei 23.740 T€, der Median bei 5.500 T€.

Zur Kategorisierung für die späteren Auswertungen wurden 3 Klassen gebildet (siehe Kapitel 3.H.IV): in die Gruppe der kleinen Bauvorhaben wurden Bauvolumina von bis zu 1.000.000 € eingeordnet, in die Gruppe der mittleren Bauvorhaben Bauvolumina über 1.000.000 € bis zu 10.000.000 € und in die Gruppe der großen Bauvorhaben Bauvolumina über 10.000.000 € (siehe Tabelle 4-2). Dabei wurden die Klassengrenzen so festgelegt, dass die Bauprojekte in allen Kategorien ungefähr gleichstark vertreten sind, um bei den Auswertungen Vergleichbarkeit herzustellen. Zufälligerweise teilen diese Zehnerpotenzen als Klassengrenzen auch ganz allgemein Bauvorhaben sehr anschaulich ein.

Die Gruppe der Bauvorhaben, in denen im Fragebogen kein Bauvolumen angeben wurde, liegt bei rund einem Viertel.

Klasse	Klassengrenzen	Anzahl	rel. Anzahl
klein	bis 1.000.000	15	22 %
mittel	ab 1.000.000 bis 10.000.000	14	21 %
groß	ab 10.000.000	23	34 %
offen		16	24 %
Summe Bauvorhaben insgesamt		68	100 %

Tabelle 4-2 Kategorisierung der Bauvorhaben nach dem Bauvolumen

2. Dauer

Die Dauer der Bauzeit bei den betrachteten Bauprojekten variierte zwischen zwei Monaten als niedrigstem und 48 Monaten, d. h. vier Jahren als höchstem Wert. Die durchschnittliche Bauzeit lag bei 18 Monaten, d. h. anderthalb Jahren.

Es wurden drei Klassen gebildet: in die Klasse „klein“ wurden Bauzeiten von bis zu zwölf Monaten eingeordnet, in die Gruppe „mittel“ Bauzeiten von 12–24 Monaten und in die Gruppe „groß“ Zeiten von über 24 Monaten. Wegen der traditionellen Winterpause der Bauwirtschaft könnte man auch von Saisongrenzen sprechen, d. h. Bauvorhaben der Klasse „klein“ wurden in einer Saison, die der Klasse „mittel“ in zwei Saisons fertig gestellt. Dabei zeigt sich, dass in der Untersuchung alle Bauzeiten ungefähr gleich stark vertreten sind, die kurzen mit 32 %, die mittleren mit 35 % und schließlich die langen Bauzeiten mit 29 %. Bei 3 % fehlt eine Angabe der Baudauer (siehe Tabelle 4-3).

Klasse	Klassengrenzen	Anzahl	rel. Anzahl
klein	bis 12 Monate	22	32 %
mittel	ab 12 bis 24 Monate	24	35 %
groß	ab 24 Monate	20	29 %
offen		2	3 %
Summe Bauvorhaben insgesamt		68	100 %

Tabelle 4-3 Kategorisierung der Bauvorhaben nach der Bauzeit

3. Gewerke

Die Anzahl der beteiligten Gewerke reichte von 1 als niedrigstem und 60 als höchstem Wert. Der Mittelwert lag bei 16 Gewerken, der Median bei 15.

Auch hier wurde eine Kategorisierung durch Einteilung in drei Klassen vorgenommen: In die Klasse „klein“ wurden die Bauvorhaben mit bis zu zehn Gewerken eingeordnet, in die Klasse „mittel“ diejenigen ab 10–20 Gewerken und in die Klasse „groß“ diejenigen ab 20 Gewerken, wobei die Grenzen so gewählt wurden, dass die drei Klassen alle ungefähr gleich stark vertreten sind (Tabelle 4-4).

Klasse	Klassengrenzen	Anzahl	rel. Anzahl
klein	bis 10	17	25 %
mittel	ab 10–bis 20	18	26 %
groß	ab 20	20	29 %
offen		13	19 %
Summe Bauvorhaben insgesamt		68	100 %

Tabelle 4-4 Kategorisierung der Bauvorhaben nach Anzahl der Gewerke

4. Beteiligte

Die Anzahl der an dem jeweiligen Bauvorhaben beteiligten Parteien reichte von einer als niedrigsten und 120 als höchstem Wert. Durchschnittlich waren 18,5 Parteien beteiligt, der Median lag bei 10.

Wiederum wurden drei Klassen gebildet: unter die Klasse „klein“ wurden Projekte mit bis zu 8, in die Klasse „mittel“ diejenigen ab 8–20 und die Klasse „groß“ diejenigen ab 20 Baubeteiligten einsortiert. Wie sich aus der Tabelle 4-5 ergibt, sind die beiden Klassen „klein“ und „mittel“ mit jeweils 28 % etwas stärker vertreten als die Klasse „groß“ mit 22 %. Offengelassen wurde die Anzahl der Beteiligten in einem Fünftel (22 %) der Fragebögen.

Klasse	Klassengrenzen	Anzahl	rel. Anzahl
klein	bis 8	19	28 %
mittel	ab 8–20	19	28 %
groß	ab 20	15	22 %
offen		15	22 %
Summe Bauvorhaben insgesamt		68	100 %

Tabelle 4-5 Kategorisierung der Bauvorhaben nach Anzahl der Baubeteiligten

IV. Dokumentation der Bauvorhaben

Bei fast allen Teilnehmern (94 %) wurde das Baugeschehen baubegleitend dokumentiert.

1. Selbst durchgeführte Dokumentation

Von denjenigen, die die Durchführung einer baubegleitenden Dokumentation bejaht haben, erstellten wiederum 93 % eine eigene Dokumentation.

84 % aller Fragebogenteilnehmer führten ein Bautagebuch bzw. Bauprotokolle, 66 % erstellten Fotos und ein Drittel Ist/Soll Vergleiche (siehe nachfolgende Tabelle 4-6).

Dokumentationsmaßnahme	Anzahl	Anteil an allen Maßnahmen eig. Dokumentation	Anteil an allen BV
Bautagebuch/Protokoll	57	44 %	84 %
Ist/Soll Vergleich	22	17 %	32 %
Fotos	45	35 %	66 %
sonstiges	5	4 %	7 %
Summe	129	100 %	

Tabelle 4-6 Maßnahmen zur selbst erstellten Dokumentation

In über der Hälfte (59 %) der Bauvorhaben der so begleitend dokumentierten Bauvorhaben wurde diese täglich und bei einem Viertel (25 %) immerhin noch wöchentlich durchgeführt (siehe Tabelle 4-7).

Häufigkeit	Anzahl	rel. Anzahl	Anteil an allen BV
täglich	38	59 %	53 %
wöchentlich	16	25 %	26 %
14tägig	4	6 %	6 %
besonderer Anlass	3	5 %	4 %
offen	3	5 %	7 %
Summe Bauvorhaben mit eig. Dokumentation insgesamt	64	100 %	

Tabelle 4-7 Häufigkeit der selbst erstellten Dokumentation

Dokumentiert wurden auf diese Weise im Wesentlichen die Bereiche „Qualität" (35 %), „Termineinhaltung" (30 %) und „Abrechnung" (25 %) (siehe Tabelle 4-8).

Bereich	Anzahl	rel. Anzahl	Anteil an allen BV
Abrechnung	39	25 %	57 %
Termineinhaltung	46	30 %	68 %
Qualität	54	35 %	79 %
höhere Gewalt	5	3 %	7 %
sonstiges	11	7 %	16 %
Summe benannte Bereiche insgesamt	155	100 %	

Tabelle 4-8 Bereiche der selbst erstellten Dokumentation

2. Protokollierte Zwischenabnahmen

In knapp der Hälfte aller mit der Untersuchung erfassten Bauvorhaben (49 %) erfolgten protokollierte Zwischenabnahmen. Diese wurden hauptsächlich (61 %) bei besonderem Anlass gemacht (siehe Tabelle 4-9).

Häufigkeit	Anzahl	rel. Anzahl	Anteil an allen BV
mindestens wöchentlich	2	6 %	3 %
mindestens monatlich	1	3 %	1 %
Bauabschnittsweise	1	3 %	1 %
Gewerkeweise	2	6 %	3 %
besonderer Anlass	20	61 %	29 %
anderer Turnus	5	15 %	7 %
offen	2	6 %	3 %
Summe Bauvorhaben mit Zwischenabnahmen insgesamt	33	100 %	

Tabelle 4-9 Häufigkeit der Zwischenabnahmen

Dokumentiert wurden mit den Zwischenabnahmen im Wesentlichen die Bereiche „Qualität" (54 %), „Termineinhaltung" (23 %) und „Abrechnung" (21 %) (siehe Tabelle 4-10).

Bereich	Anzahl	rel. Anzahl	Anteil an allen BV
Abrechnung	12	21 %	18 %
Termineinhaltung	13	23 %	19 %
Qualität	30	54 %	44 %
höhere Gewalt	0	0 %	0 %
sonstiges	0	0 %	0 %
offen	1	2 %	1 %
Summe benannte Bereiche insgesamt	56	100 %	

Tabelle 4-10 Zwischenabgenommene Bereiche

3. Baubegleitende Begutachtung durch einen Sachverständigen/den TÜV

In 41 % der Fragebögen, in denen die Durchführung einer baubegleitenden Dokumentation bejaht wurde, erfolgte eine baubegleitende Begutachtung durch einen Sachverständigen bzw. den TÜV.

Der Gutachter wurde hauptsächlich (bei 46 %) bei besonderem Anlass eingesetzt (siehe Tabelle 4-11).

Häufigkeit der Begutachtung	Anzahl	rel. Anzahl	Anteil an allen BV
mindestens täglich	2	7 %	3 %
mindestens wöchentlich	4	14 %	6 %
mindestens monatlich	1	4 %	1 %
mindestens Bauabschnittsweise	1	4 %	1 %
besonderer Anlass	13	46 %	19 %
anderer Turnus	5	18 %	7 %
offen	2	7 %	3 %
Summe Bauvorhaben mit Sachverständigem insgesamt	28	100 %	

Tabelle 4-11 Häufigkeit der Begutachtung durch den Sachverständigen

Der Sachverständige begutachtete im Wesentlichen den Bereich „Qualität" (45 %), daneben auch die Bereiche „Termineinhaltung" (22 %) und „Abrechnung" (16 %) und „sonstiges" (14 %) (Tabelle 4-12).

Bereich	Anzahl	rel. Anzahl	Anteil an allen BV
Abrechnung	8	16 %	12 %
Termineinhaltung	11	22 %	16 %
Qualität	22	45 %	34 %
höhere Gewalt	1	2 %	0 %
sonstiges	7	14 %	10 %
Summe benannte Bereiche insgesamt	49	100 %	

Tabelle 4-12 Begutachtete Bereiche

4. Finanzieller Aufwand

Auf die Frage nach dem für die Dokumentation des Baugeschehens erbrachten finanziellen Aufwand schwankten die Antworten zwischen 0,1–10 % des Bauvolumens. Diese erheblichen Abweichungen lassen sich nur damit erklären, dass die Schätzungen sehr ungenau sind. Vermutlich liegt die Wahrheit ungefähr in der Mitte bei ca. 1 %–3 % des Bauvolumens. Damit zeigt sich, dass hier genauer hätte gefragt werden müssen, um verwertbare Ergebnisse zu erhalten. So könnte beispielsweise nach dem finanziellen Aufwand für die einzelnen Dokumentationsmaßnahmen getrennt gefragt werden, um exaktere Angaben zu erhalten. Da der Aufwand für die Dokumentation in aller Regel nicht separat erfasst wird, wäre man jedoch dennoch auf Schätzungen angewiesen.

5. Bewertung der Teilnehmer: Nutzen einer baubegleitenden Dokumentation

Die Fragebogenteilnehmer sollten den Nutzen der Durchführung einer baubegleitenden Dokumentation im Hinblick auf die Aspekte „Streitvermeidung“, „Stärkung der Vergleichsbereitschaft der Parteien“, „Beschleunigung des Verfahrens“ und „Beweiserleichterung“ bewerten. Dabei konnten sie jeweils 1 (als niedrigsten Wert) bis 5 (als höchsten Wert) Punkte vergeben. Als Ergebnis ist festzuhalten, dass die Teilnehmer eine baubegleitende Dokumentation durchschnittlich positiv bewertet haben (vgl. nachfolgende Abbildung 4-1):

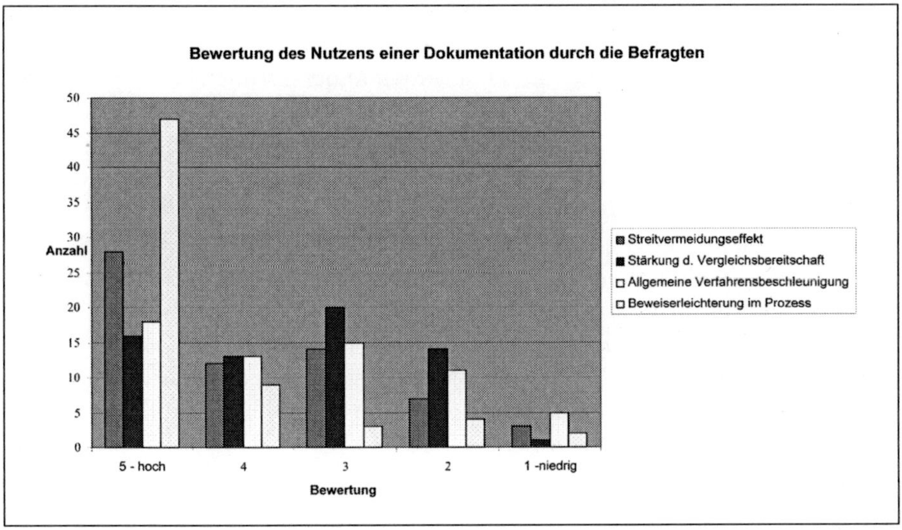

Abbildung 4-1 Bewertung des Nutzens einer baubegleitenden Dokumentation

Ein sehr interessantes Ergebnis hat sich ergeben, als die Einschätzung des Streitvermeidungseffektes von Dokumentation mit der Tatsache verglichen wurde, ob bei dem erfassten Bauvorhaben ein Schaden infolge von Streitigkeiten eingetreten war:

Bejahung der Streitvermeidung (Punktzahl)	Antworten	Anzahl BV mit Schaden	Anteil der BV mit Schaden	mittlerer Gesamtdokumentationsindex
1 oder 2 (niedrig)	10	8	80 %	31 %
3	14	5	36 %	34 %
4	12	2	17 %	34 %
5 (hoch)	28	4	14 %	37 %

Tabelle 4-13 Bejahung eines streitvermeidenden Effektes

Es zeigt sich, dass diejenigen mit negativen Erfahrungen durch Streitigkeiten den streitvermeidenden Effekt am schlechtesten bewerteten (vgl. erste Zeile in Tabelle 4-13). So haben in dieser Gruppe 80 % einen Schaden erlitten, während in der Gruppe mit der besten Bewertung (5 Punkte) nur in 14 % der Bauvorhaben ein Schaden infolge von Streitigkeiten eingetreten war.

Die Tendenz von Menschen und selbst Experten, Bewertungen und Urteile von Einzelereignissen abhängig zu machen und dabei objektive fachliche Kriterien außer Acht zu lassen, ist im Übrigen auch bei anderen Untersuchungen festgestellt worden. So ergab beispielsweise eine Untersuchung zu Problemlösungs- und Entscheidungsmustern von Experten, dass in Fachgebieten, in denen Entscheidungen mit großen Unsicherheiten verbunden sind, außergewöhnliche Ereignisse unverhältnismäßig stark gewichtet wurden. Bei der Beurteilung der Entwicklung einer Aktie im Wertpapierhandel wurde beispielsweise die Auswirkung des Todes eines Vorstandsvorsitzenden überbewertet.[211] So scheint auch hier die Tatsache, ob in dem konkreten, dem Fragebogen zugrunde gelegten Bauvorhaben ein Schaden infolge von Streitigkeiten eingetreten ist oder nicht, die Baupraktiker bzw. Baurechtler bei ihrer Einschätzung des Streitvermeidungseffektes einer Baudokumentation besonders beeinflusst zu haben, möglicherweise sogar gegen ihr besseres Wissen.

6. Gründe für Nichterstellung einer baubegleitenden Dokumentation

Aus der untenstehenden Tabelle 4-14 ergeben sich die von den Teilnehmern gegen die Durchführung einer baubegleitenden Dokumentation benannten Argumente. Dabei hatten knapp ein Drittel dokumentierende Maßnahmen schlichtweg nicht erwogen. In dieser Gruppe befanden sich keine großen Bauvorhaben. Ansonsten wurde angeben, dass eine baubegleitende Dokumentation nicht erstellt wurde, da sie für nutzlos gehalten (15 %), für zu teuer (10 %) oder zu zeitaufwendig (5 %) befunden wurde. Diese negativen Antworten waren im Übrigen unabhängig vom Bauvolumen, da sie sowohl für kleine als auch für große Bauvorhaben gegeben wurden. 20 % kreuzten „sonstiger Grund" an.

Es fällt weiter auf, dass ein Fünftel angab, dass ihnen der Grund für die Nichterstellung einer Dokumentation nicht bekannt sei. Dieser Wert erklärt sich aus dem relativ hohen Anteil von Rechtsanwälten (40 %) bei den Teilnehmern, die diese Frage insoweit „nur aus zweiter Hand" beantworten konnten.

---

211 Johnson, Expertise and Decision under Uncertainty, S. 224 f.

Gründe, weshalb keine baubegleitende Dokumentation	Anzahl	rel. Anzahl
für nutzlos gehalten	3	15 %
nicht erwogen	6	30 %
zu teuer	2	10 %
zu zeitaufwendig	1	5 %
sonstiger Grund	4	20 %
Grund nicht bekannt	4	20 %
Summe benannte Gründe insgesamt	13	100 %

Tabelle 4-14 Gründe für eine fehlende Dokumentation

V. Streitigkeiten bei den Bauvorhaben und daraus resultierender Schaden

Zu Streitigkeiten kam es einem Großteil der Fälle, in 85 % (absolute Anzahl: 58).

Bei den meisten dieser Projekte (77 %) ist bei dem Fragebogenteilnehmer bzw. bei der von ihm betreuten Partei durch die Streitigkeiten ein Schaden entstanden.

Der Schaden teilte sich in „Bauverzögerung“ (34 %), „Anstieg der Kosten“ (50 %) und „sonstige Schäden“ auf (16 %) (vgl. nachfolgende Abbildung 4-2).

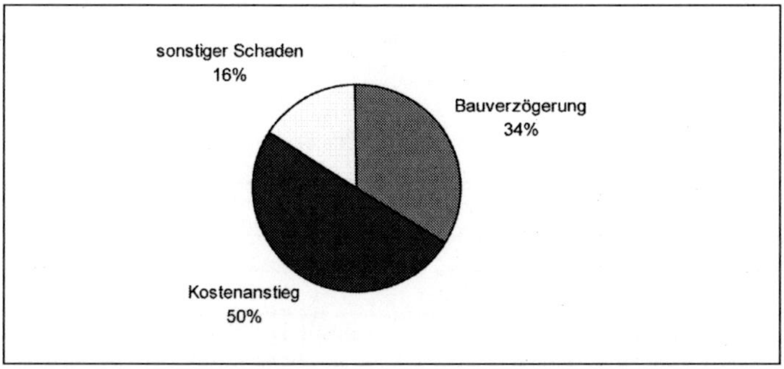

Abbildung 4-2 Durch Streitigkeiten verursachter Schaden bei den Parteien

61 % konnten die entstandene Bauzeitverzögerung beziffern. Als Maximalwert wurde eine Bauzeitverlängerung von 100 % angeben, der Mittelwert lag bei 27 %. Sofern der Anstieg der Kosten konkret benannt werden konnte (so von 57 %), ergab sich als maximaler Schaden ein Kostenanstieg von 50 % und als Mittelwert ein Kostenanstieg von 11 %. Als sonstige Schäden wurden eine Ver-

schlechterung des Images, ein Stillstand der Baustelle, Gewährleistungsmängel, ein erheblicher Mängelbeseitigungsaufwand von ca. 30 % der Herstellungskosten, der Verlust von 3 Millionen € infolge des Abschlusses eines ungünstigen Vergleiches, eine Kürzung der Rechnung um rund 120.000 € und sogar die Insolvenz des Unternehmens bzw. des Auftraggebers infolge der Streitigkeiten benannt. Ferner wurden eine Bindung des Personals für die rechtliche Aufarbeitung des Sachverhaltes bzw. die Begleitung von Rechtsstreitigkeiten nach Bauende als Schaden aufgeführt. Wie beispielsweise Kapellmann beschreibt, scheinen die Parteien die Tatsache, dass bei Bauprojekten Rechtsprobleme auftreten können, sehr oft im Vorfeld nicht zu sehen bzw. völlig zu unterschätzen und daher nicht in der Lage zu sein, gleich von vornherein dafür Ressourcen einzuplanen.[212]

VI. Gerichtsverfahren

1. Einleitung

Im Verhältnis zur Gesamtzahl aller bewerteten Bauvorhaben wurde bei über der Hälfte ein Hauptsacheverfahren (55 %) eingeleitet. Dagegen kam es bei 15 % zu gar keinem Streit. Nur in einem guten Viertel (27 %) gab es zwar Streit, konnten die Parteien sich aber einigen: bei einem Fünftel (19 %) bereits außergerichtlich und in 8 % nach Durchführung eines selbstständigen Beweissicherungsverfahrens. In einem Fall läuft derzeit noch ein selbstständiges Beweissicherungsverfahren (siehe Tabelle 4-15).

Gab es einen Hauptprozess?	Anzahl	rel. Anzahl
ja	40	55 %
nein, außergerichtliche Einigung	13	19 %
nein, kein Streit	9	15 %
nein, Einigung nach selbstständigem Beweissicherungsverfahren	4	8 %
nein, noch läuft selbstständiges Beweissicherungsverfahren	1	2 %
offen	1	2 %
Summe Bauvorhaben insgesamt	68	100 %

Tabelle 4-15 Gab es einen Hauptprozess?

212 Kapellmann-Kapellmann, Juristisches Projektmanagement, Rn. 8.

In 58 der insgesamt 68 erfassten Bauvorhaben kam es zu Streitigkeiten, dies sind 85 %, 40 dieser 58 Projekte endeten wiederum in einem Hauptsacheverfahren.

2. Verfahrensdauer und Ende

In gut der Hälfte der Verfahren läuft dieses noch (53 %). Das Verfahren endete in einem knappen Drittel mit einem Vergleich (30 %), in unter einem Fünftel mit einem Urteil (17 %). (siehe Tabelle 4-16).

Ausgang Hauptsacheverfahren	Anzahl	rel. Anzahl
noch offen	21	53 %
Urteil	7	17 %
Vergleich	12	30 %
Summe Verfahren insgesamt	40	100 %

Tabelle 4-16 Ausgang des Hauptsacheverfahrens

Die durchschnittliche Prozessdauer liegt bei den beendeten Verfahren bei 26, bei den noch unbeendeten bereits bei 43 Monaten.

3. Vorschläge zur Verkürzung von Gerichtsprozessen

Ziel der Arbeit war es zwar, sich mit der Beweissicherung durch die Parteien und deren Auswirkungen auf Baustreitigkeiten zu befassen. Um aber ein umfassendes Meinungsbild und möglichst viele Vorschläge zu einer Verbesserung der heutigen Situation vor Gericht zu erhalten, wurden die Fragebogenteilnehmer allgemein danach befragt, wie ihrer Ansicht nach auf Seiten der Parteien einer Verzögerung des Prozesses durch die erforderlichen Beweisermittlungen entgegengewirkt werden könne. Es ergab sich das in der Tabelle 4-17 und Abbildung 4-3 dargestellte Meinungsbild. Es waren Mehrfachnennungen möglich.

Verbesserungen auf Seiten der Parteien	Nennungen	Anteil im Verhältnis zu Gesamtnennungen	Anteil im Verhältnis zur Anzahl der Befragten
vorher Beweis-sicherungsverfahren	29	35 %	43 %
Schiedsgutachten einholen	29	35 %	43 %
sonstiges	24	29 %	35 %
Summe benannter Vorschläge	82	100 %	

Tabelle 4-17 Vorschläge für Verbesserungen auf Seiten der Parteien

Wie ersichtlich ist, zielten bei den Verbesserungsansätzen auf Seite der Parteien ein Drittel der Vorschläge (35 %) darauf ab, zunächst ein Schiedsgutachten einzuholen. Ebenfalls ein Drittel der Vorschläge (35 %) beinhaltete die vorherige Durchführung eines Beweissicherungsverfahrens. Interessanterweise führten demgegenüber 3 % unter sonstigen Vorschlägen explizit an, dass sie die vorherige Durchführung eines Beweissicherungsverfahrens für kontraproduktiv und das gesamte Verfahren nur unnötig verzögernd halten. Als weitere sonstige Vorschläge wurden unter anderem eine gute baubegleitende Dokumentation und eine bessere Beweissicherung bereits im Vorfeld benannt. Des Weiteren wurden vorgeschlagen:

- eine klare Definition der technischen Anforderungen, das Arbeiten mit einer abgeschlossenen Planung und eine faire Kooperation zwischen den Baupartnern,
- das Verbot von Verzögerungstaktik,
- die Abnahme durch einen unabhängigen Dritten, der wisse „was im Bau tatsächlich (un-) möglich sei",
- die Sanktionierung eines ungerechtfertigten Geldeinbehalts durch den Auftraggeber mittels empfindlicher Strafzuschläge, da die bloße Verzinsung viel zu gering sei,
- die direkte Anhörung des Sachverständigen vor Gericht, nach dessen Einarbeitung und der Durchführung eines Ortstermins,
- die Durchführung von Mediation,
- ein systematisches Entscheidungsmanagement bereits im Vorfeld, da auf diese Weise die baubegleitende Dokumentation verbessert werde,
- regelmäßige Zustandsfeststellungen gemeinsam durch die Parteien,
- die Durchführung von Schiedsverfahren,

- die gemeinsame Durchführung eines Beweissicherungsverfahrens durch die Parteien,
- das Unstreitigstellen bestimmter Tatsachen,
- das Stellen von möglichst präzisen Fragen an den Sachverständigen,
- eine Einigung zumindest in Teilbereichen, beispielsweise durch ein gemeinsames Aufmass, unterzeichnet von den vertretungsberechtigen Personen,
- die frühzeitige Einschaltung von Rechtsanwälten,
- die Bereitschaft zur Arbeitseinstellung,
- den Einsatz von erfahrenen Sachverständigen mit knappen Terminvorgaben,
- die Durchführung von gemeinsamen einvernehmlichen Begehungen mit Mitgliedern aller Parteien und Sachverständigen.

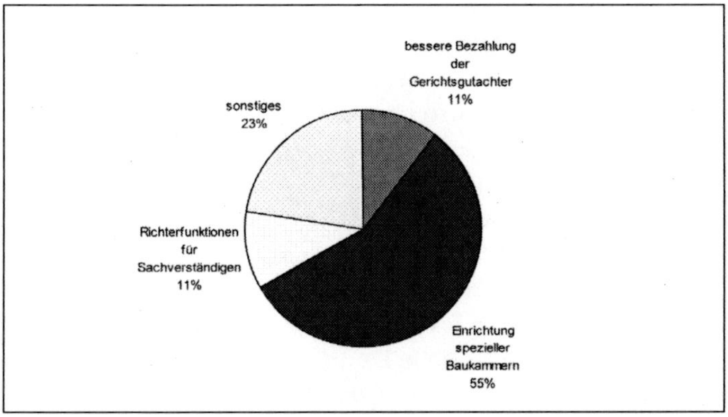

Abbildung 4-3 Vorschläge zu Verbesserungen auf Seiten des Gerichts

Aus Abbildung 4-3 ergeben sich die Vorschläge der Parteien für eine Verbesserung des Vorgehens auf Seiten des Gerichtes. So befürwortete etwas über die Hälfte (55 %) die Einrichtung von speziellen Baukammern. Nur ein Fünftel sprach sich für eine Stärkung der Position des Sachverständigen aus, sei es durch die Einräumung von Richterfunktionen (11 %) oder durch eine bessere Bezahlung (11 %).

Weiter wurde folgendes zur Verbesserung der bestehenden Situation angeregt:
- eine unmittelbare Kommunikation zwischen Gericht, Sachverständigem und den Parteien, zu jedem Zeitpunkt des Verfahrens,
- eine schnellere Weiterleitung von Informationen und Schriftverkehr,
- eine bessere Aktenkenntnis und engagiertere Vergleichsbemühungen seitens des Gerichts,

- der Einsatz von speziell geschulten Baurichtern,
- das Vorziehen der erkennbar beweisbedürftigen Fragen und eine frühere Beauftragung des Sachverständigen,
- die Schaffung von gesetzlichen Fristsetzungen hinsichtlich der Dauer von Verfahren und die verstärkte Nutzung der Möglichkeit von Teilurteilen,
- die Beauftragung qualifizierterer Gutachter bzw. die Bewertung von Sachverständigen, da es derzeit zu viele Fehlgutachten gäbe,
- die Schaffung einer höheren Qualität der Gutachter durch Fortbildungen,
- die Beschleunigung der Gutachtenerstellung durch eine Förderung der Ausbildung von einer größeren Anzahl von Sachverständigen,
- eine stärkere Kontrolle und Anleitung des Sachverständigen durch das Gericht als bislang,
- die stärkere Sanktionierung von Fristüberschreitungen seitens des Gutachters bspw. durch die Verhängung eines Ordnungsgeldes,
- eine stärkere Kontrolle des Gutachters und seiner Kosten, ggf. durch eine bislang nicht existierende gesonderte Kontrollinstanz,
- eine Verschärfung der Haftung der Gutachter gegenüber den Parteien, auch im Sinne einer Verzugshaftung,
- ein Verbot von Verzögerungstaktiken durch die Parteien,
- die Durchführung von mehr Schiedsgerichtsverfahren,
- der Einsatz von baufachlich qualifizierteren Rechtsanwälten,
- eine Rücknahme des nach Ansicht eines der Fragebogenteilnehmer zu kundenlastigen Verbraucherschutzes, der dem Bauträger gerade bei einer Zahlungsunfähigkeit des Käufers kaum Handlungsmöglichkeit einräume.

Die Vorschläge, die auf eine Verbesserung der Beweissicherung seitens der Parteien zielen, werden bei der Stellungnahme zu den einzelnen Beweismitteln in Kapitel 2 unter Kapitel 2.B und in der Zusammenfassung in Kapitel 5 diskutiert und bewertet.

Eine Diskussion der übrigen Vorschläge ist dagegen nicht Thema dieser Arbeit. Bis auf einige nicht durchführbare bzw. nicht durchsetzbare Anregungen wie beispielsweise ein allgemeines Verbot der Verzögerungstaktiken seitens der Parteien werden die von den Fragebogenteilnehmern gemachten Vorschläge jedoch ohnehin bereits in der einschlägigen Literatur diskutiert. Diese reichen von außergerichtlichen Streitlegungsverfahren[213] über systemimmanente Verbesserungsmöglichkeiten auf Seiten des Gerichts[214] bis hin zu Reformvorschlägen, die

213 Zum Beispiel Eberl/Friedrich, BauR 2002, 250 (250 ff.); Wagner, NZBau 2001, 169 (169 ff.).

214 Zum Beispiel Kniffka, NZBau 2000, 2 (6); Werner/Pastor, Der Bauprozess, Rn. 2591 f. m.w.N.

die im derzeitigen Prozessrecht bestehende Rolle des Sachverständigen als bloßes Beweismittel abändern und ihm eine mehr oder weniger dem Richter angenäherte Position einräumen wollen.[215]

C. Herleitung einzelner Indizes

I. Einführung

Einige der anhand der Hypothesen untersuchten Begriffe wie beispielsweise der bei einem Bauvorhaben infolge von Streitigkeiten entstandene Schaden sind durch eine einzelne Variable nicht hinreichend erfrag- und messbar. In solchen Fällen werden mehrere Einzelindikatoren zu einer neuen Variablen, einem sogenannten Index zusammengefasst. So wurde beispielsweise der Schaden durch die Indikatoren „Bauverzögerung", „Kostenanstieg" und „sonstiger Schaden" gemessen und die Ergebnisse dann unter der Gesamtgröße „Schadensindex" zusammengefasst. Im Kapitel 3 H Abschnitt V und im Anhang II ist der theoretische Hintergrund der Indexbildung beschrieben. Im nachfolgenden werden nun die im Rahmen der Umfrage entwickelten und eingesetzten Indizes vorgestellt und deren Herleitung beschrieben.

II. Dokumentationsindizes

1. Einführung

Mit den Hypothesen 1–4 wurde vermutet, dass das Ob, die Art und die Intensität mit der die Parteien das Bauvorhaben baubegleitend dokumentiert haben, Einfluss auf die beiden Faktoren Streitigkeit und Schaden hat. Es wurde angenommen, dass je mehr und je umfassender die einzelnen Vorgänge dokumentiert wurden, desto weniger Streit überhaupt auftritt, dieser seltener zu Gerichtsverfahren führt, diese Verfahren zumindest weniger lang andauern und desto geringer der den Parteien durch Streitigkeiten entstandene Schaden ist.

Die Parteien können ein Bauvorhaben auf verschiedenste Weise baubegleitend dokumentieren: Zunächst können sie die Vorgänge selbst aufnehmen, beispielsweise mittels Führen eines Bautagebuches, durch schriftliches Festhalten der Leistungsstände oder durch Fotos. Bei der Abnahme von Teilleistungen werden

215 Zum Beispiel Englert, BauR 2006, 1586 (1587 f.); Probst, DRiZ 1975, 359 (362 ff.).

seitens des Bauherrn bestimmte Zwischenstände festgehalten. Schließlich können die Parteien einen Sachverständigen beauftragen, das Baugeschehen begleitend zu begutachten.

Die Details zu diesen drei Dokumentationsmöglichkeiten wurden in der Umfrage getrennt erfragt und für jede Möglichkeit zunächst ein eigener Index gebildet. Somit war es auch möglich, zu untersuchen, ob und inwieweit die einzelnen baubegleitenden Dokumentationsmaßnahmen Einfluss auf die Größen Streitigkeit und Schaden haben. Darüber hinaus wurden dann am Ende die drei Einzelindizes noch zu einem Gesamtdokumentationsindex zusammengefasst.

2. Eigendokumentationsindex

Zur Frage der Bewertung des Ausmaßes der von dem Teilnehmer selbst durchgeführten baubegleitenden Dokumentation war eine Unterteilung in Teildimensionen erforderlich. Dazu wurden die direkt erfragten Indikatoren „Maßnahmen“, „Häufigkeit“ und „Bereiche der baubegleitenden Dokumentation“ zu einer neuen Variablen, dem sogenannten Dokumentationsindex zusammengefasst.

Dieser ist wie folgt bestimmt worden: Bei den Maßnahmen zur selbst erstellten baubegleitenden Dokumentation standen als Möglichkeiten „Bautagesberichte/Protokolle“, „Vergleich von Ist-/Sollzustand“, „Fotos“ und „sonstige“ zur Auswahl, die auch nebeneinander angekreuzt werden konnten. Da angenommen wurde, dass jede der Maßnahmen im gleichen Maße zur Qualität der Gesamteigendokumentation beiträgt, floss jede bejahte Maßnahme zu 25 % gewichtet in die Teildimension „Maßnahmen“ ein. Diese bestimmt sich durch die Addition der Einzelmaßnahmen, da anzunehmen ist, dass die Dokumentation besser wird, je mehr Dokumentationsmaßnahmen parallel verwendet werden.

Bei der Häufigkeit gab es im Ergebnis vier verschiedene Varianten: „mindestens täglich“, „mindestens wöchentlich“, „mindestens 14-tägig“ und „nur bei besonderem Anlass“. Diese wurden ihrer Bedeutung nach unterschiedlich gewichtet. So wurde „mindestens täglich“ mit 100 % bewertet, da eine häufigere Dokumentation praktisch nicht möglich ist. „Mindestens wöchentlich“ wurde als immer noch sehr häufig mit 50 % und „mindestens 14tägig“ als demgegenüber nur halb so oft mit 25 % bewertet. Da „nur bei besonderem Anlass“ verhältnismäßig selten ist, ging es nur mit 10 % in den Indikator „Häufigkeit“ ein. Da hier keine Mehrfachnennungen möglich waren – die Alternativen schlossen sich gegenseitig aus – erfolgte keine Addition der einzelnen Werte.

Für die dokumentierten Bereiche konnten die fünf Möglichkeiten „Abrechnung“, „Termine/Verzug“, „Qualität/Mängel“, „Höhere Gewalt“ und „sonstige“

einzeln oder auch kumulativ angekreuzt werden. Daher konnten 100 % für die Teildimension „Bereich" nur für Bauvorhaben vergeben werden, bei denen auch alle fünf Möglichkeiten dokumentiert wurden. Da den Bereichen „Höhere Gewalt" und „sonstige" nur eine geringe dokumentatorische Wirkung unterstellt wird, sind sie jeweils nur mit 12, 5 % bewertet worden. Demgegenüber wurden die restlichen 3 Bereiche als gleich bedeutsam angesehen und daher jeweils mit 25 % angerechnet. Wie oben ausgeführt, berechnet sich der Gesamtindex durch die Addition der Einzelfaktoren.

Die so ermittelten drei Werte für die Teilindikatoren „Maßnahmen", „Häufigkeit" und „begutachteter Bereich" wurden dann jeder für sich normiert, um sie mit den Werten der anderen Kategorien vergleichbar zu machen. Wie unter Kapitel 3.H.VI bereits näher ausgeführt, wird bei dieser Rechenoperation jedes Einzelergebnis in Verhältnis zu dem höchsten Einzelergebnis des jeweiligen Indikators gesetzt. Damit wird berechnet, wie groß jedes Bauvorhaben in den einzelnen Kategorien – hier „Maßnahmen", „Häufigkeit" und „begutachteter Bereich" – im Verhältnis zu den anderen Bauvorhaben ist.

Anschließend wurden diese normierten Werte durch Mittelwertbildung zum sogenannten Eigendokumentationsindex zusammengefasst, da angenommen wird, dass jeder Indikator im gleichen Maße zur Eigendokumentation beiträgt. Dieser Wert wurde dann wiederum im Verhältnis zu dem Wert der anderen Bauvorhaben normiert, um den Index mit den anderen in der Untersuchung entwickelten Indizes vergleichbar zu machen.

Für bestimmte Auswertungen ist es hilfreich, nicht den Einzelwert des Index zu betrachten, sondern die Bauvorhaben nach dem Index in Klassen zu kategorisieren. Dazu werden benachbarte Werte zu einer Klasse zusammengefasst, um so die Datenmenge überschaubarer zu machen (vgl. nähere Ausführungen dazu unter Kapitel 3 H IV). Der Eigendokumentationsindex wurde in vier Klassen kategorisiert: „kein" für „ohne Eigendokumentation", „klein" mit Werten von 5–50 %, „mittel" mit Werten von 50 bis 75 % und „groß" mit Werten ab 75 %.

Folgendes Beispiel soll dieses Vorgehen illustrieren: Bei dem Fragebogen Nr. 1 zugrunde liegenden Bauvorhaben wurde die selbst erstellte Dokumentation mittels eines Bautagebuches, Ist/Soll Vergleichen und Fotos gemacht, so dass sich durch Addition der Einzelfaktoren für den Indikator „Maßnahme" 75 % ergibt. Diese Dokumentation erfolgte mindestens wöchentlich. Der Indikator „Häufigkeit" lag damit bei 50 %. Dokumentiert wurden die Bereiche „Qualität" und „Termine", die jeweils mit 25 % bewertet wurden. Daher ergaben sich ebenfalls insgesamt 50 % für den Indikator „Bereich". Nach Normierung der einzelnen Größen wurde dann daraus der Eigendokumentationsindex errechnet: der normierte

Mittelwert aus diesen 3 Indikatoren ergab 68 %. Damit liegt dieses Bauvorhaben hinsichtlich des Eigendokumentationsindex in der Klasse „mittel".

3. Zwischenabnahmeindex

Um Ausmaß und Intensität der von den Parteien durchgeführten protokollierten Zwischenabnahmen möglichst genau beurteilen zu können, wurden als Indikatoren die Häufigkeit und die abgenommenen Bereiche erfragt.

Bei der Häufigkeit ergaben sich – etwas anders als bei der selbst erstellten Dokumentation – die fünf Varianten „mindestens wöchentlich", „mindestens monatlich", „mindestens bauabschnittweise", „mindestens gewerkeweise" und „nur bei besonderem Anlass". Sie wurden wiederum je nach ihrer Bedeutung unterschiedlich gewichtet in den Einzelindikator einberechnet. Da ein kürzerer Zeitrahmen für Zwischenabnahmen praktisch nicht denkbar erscheint, wurden für „mindestens wöchentlich" 100 % angesetzt. Der Turnus „mindestens monatlich" geht ebenfalls über das bloße Abnehmen von fertig gestellten Teilbereichen weit hinaus und wurde daher mit 80 % bewertet. Von der Bedeutung her wurde als nächstes „mindestens bauabschnittweise" mit 50 %, dann „mindestens gewerkeweise" mit 25 % und schließlich „nur bei besonderem Anlass" mit nur 10 % angesetzt.

Für die Bereiche, auf die sich die Zwischenabnahme bezog, standen dieselben fünf Möglichkeiten wie bei dem Dokumentationsindex zur Auswahl, die einzeln oder auch kumulativ bejaht werden konnten und die gemeinsam 100 % bildeten. Da die beiden Bereiche „Höhere Gewalt" und „sonstige" von keinem Teilnehmer angekreuzt wurden, war es gerechtfertigt, sie vollständig aus der Auswertung herauszunehmen. Die anderen drei Bereiche „Abrechnung", „Termine/Verzug" und „Qualität/Mängel" wurden als gleich bedeutsam angesehen und gingen daher zu gleichen Teilen mit jeweils 33,33 % in den entsprechenden Einzelindikator ein.

Im nächsten Schritt wurden die beiden Einzelindikatoren „Häufigkeit" und „zwischenabgenommener Bereich" jeder für sich normiert und aus dem Mittelwert der Zwischenabnahmeindex berechnet. Dieser Wert wurde dann wiederum normiert.

Zu Auswertung wurden dann die Bauvorhaben hinsichtlich der Zwischenabnahme in vier Klassen unterteilt: „kein" für 0 %, „klein" für Werte bis 30 %, „mittel" für Werte von 30–50 % und „hoch" für Werte ab 50 %.

Zum besseren Verständnis auch hier ein Beispiel: Im Bauvorhaben, dass im Fragebogen Nr. 1 erfasst wurde, sind Zwischenabnahmen nur bei besonderem

Anlass erfolgt. Damit liegt der Teilindikator „Häufigkeit“ bei 10 %. Die Zwischenabnahmen erfolgten für die Bereiche „Termin/Verzug“ und „Qualität/Mängel“, so dass der Wert für diesen Indikator bei 66 % lag. Nach Normierung dieser beiden Größen wurde per Mittelwertbildung der Zwischenabnahmeindex errechnet: nach Normierung ergab sich dann 38 %. Daher ist dieses Bauvorhaben hinsichtlich des Zwischenabnahmeindex in der Klasse „mittel“ einzuordnen.

4. Sachverständigenindex

Die Beurteilung des Umfangs der durch einen Sachverständigen durchgeführten baubegleitenden Dokumentation war ebenfalls nur über mehrere Indikatoren möglich. So wurden als Einzelgrößen die Häufigkeit des Einsatzes und die Anzahl der begutachteten Bereiche gemessen.

Für die Häufigkeit ergaben sich die sechs Varianten „mindestens täglich“, „mindestens wöchentlich“, „mindestens monatlich“, „mindestens bauabschnittweise“, „nur bei besonderem Anlass“ und „anderer Turnus“. Diese wurden wiederum nach ihrer Bedeutung unterschiedlich gewichtet in den Einzelindikator einbezogen. So wurde „mindestens täglich“ als denkbar häufigster Einsatz mit 100 % bewertet. Als immer noch sehr oft wurde „mindestens wöchentlich“ mit 75 % angesetzt. Als ungefähr mittelwertig wurden „mindestens monatlich“ mit 50 % und als von ihrer Bedeutung dazu noch mal ungefähr mittelwertig wurden „mindestens bauabschnittweise“ und „anderer Turnus“ mit jeweils 25 % beurteilt. Als vergleichsweise selten wurde „nur bei besonderem Anlass“ mit nur 10 % bewertet.

Für die begutachteten Bereiche konnten die gleichen fünf Möglichkeiten wie bei dem Dokumentations- und dem Zwischenabnahmeindex einzeln oder auch kumulativ bejaht werden. Sie wurden ihrer Bedeutung entsprechend unterschiedlich gewertet, so wurden die Bereiche „Abrechnung“ „Termine/Verzug“ und „Qualität/Mängel“ als gleich wichtig angesehen und daher mit jeweils 30 % bewertet. Der Bereich „sonstige“ wurde mit nur 10 % beurteilt. Der Bereich „Höhere Gewalt“ wurde ganz herausgenommen, da er von keinem Fragebogenteilnehmer angegeben wurde und somit offensichtlich keine Bedeutung für die Parteien hatte. Da ein Sachverständiger offensichtlich je intensiver eingesetzt wird, desto mehr Bereiche er bewertet, bestimmt sich der Index durch Addition der einzelnen Bewertungen.

Nachdem dann die Werte für die beiden Indikatoren „Häufigkeit“ und „begutachteter Bereich“ normiert worden waren, wurde aus diesen Werten durch Mittelwertbildung der sogenannte Sachverständigenindex ermittelt. Die so ermittelten Zahlen wurden anschließend im Verhältnis zu den bei den anderen Bauvorhaben erreichten Werten normiert.

Die Bauvorhaben sind dann wiederum entsprechend dem Sachverständigenindex in vier Klassen kategorisiert worden:
- „kein": 0 %
- „gering": Werte bis 40 %
- „mittel": Werte von 40 % bis 70 %
- „hoch": Werte über 70 %.

In dem Beispiel des Fragebogens Nr. 1 kam kein Sachverständiger zum Einsatz, so dass sowohl beim Indikator „Häufigkeit", als auch bei dem Indikator „Bereiche" 0 % erreicht wurden. Damit lagen auch der Mittelwert und somit der Sachverständigenindex bei 0 %. Das Bauvorhaben fiel daher hinsichtlich des Sachverständigenindex in die Klasse „kein".

5. Gesamtdokumentationsindex

Um untersuchen zu können, ob und inwieweit eine baubegleitende Dokumentation allgemein die beiden Faktoren Streitigkeiten und Schaden beeinflusst, wurden die drei Einzelindizes noch einmal zu dem sogenannten Gesamtdokumentationsindex zusammengefasst. Hierzu wurde für jedes Bauvorhaben der Mittelwert aus den für die drei Indizes „Eigendokumentation", „Zwischenabnahme" und „Sachverständiger" jeweils erlangten Werten errechnet. Die so gewonnenen Zahlen wurden anschließend normiert, um diesen Index wiederum in ein Verhältnis zu den anderen in dieser Untersuchung entwickelten Indizes – wie beispielsweise den Schadensindex – setzen zu können.

Der Gesamtdokumentationsindex wird unterteilt in die Klassen:
- „kein": keine Dokumentation
- „klein": Werte bis 33 %
- „mittel": Werte von 33 bis 66 %
- „hoch": Werte ab 66 %

Beim Fragebogen Nr. 1 wurden beim Gesamtdokumentationsindex nach Normierung 37 % erreicht. Damit gehört das Bauvorhaben in die mittlere Klasse des Gesamtdokumentationsindex.

III. Schadensindex

Der einer Partei durch Streitigkeiten möglicherweise entstandene Schaden kann vielfältiger Natur sein. So sind auf der einen Seite materielle Schäden wie ein Ansteigen der Kosten und eine Verlängerung der veranschlagten Projektdauer denkbar, auf der anderen Seite immaterielle Schäden wie ein Imageverlust oder eine Bindung des Personals zur rechtlichen Aufbereitung des Sachverhaltes. Der Schaden war daher nur über mehrere Indikatoren genauer erfrag- und messbar. So wurde der materielle Schaden über die beiden Variablen „Kostenanstieg" und „Bauzeitverlängerung" gemessen. Da bei dem immateriellen Schaden sehr individuelle Nennungen erfolgten, konnten diese nicht als selbstständige Kategorien aufgeführt werden, sondern wurden unter dem Sammelbegriff „sonstiger Schaden" erfasst.

Diese drei Teilindikatoren wurden dann im Nachhinein zu einer neuen Variablen, dem Schadensindex zusammengefasst. Die Zusammenfassung erfolgte anhand folgender Rechenoperationen: Da die Bauverzögerung von einigen Teilnehmern nur bejaht wurde (bei 6 von 16), ohne die tatsächliche Dauer anzugeben, ist für diese Fälle der Durchschnittswert der von den anderen Teilnehmern genannten Bauverzögerungen angenommen worden. Beim Kostenanstieg wurde ebenso verfahren (hier mussten 9 von 27 Ergebnissen ergänzt werden). Bei dem sonstigen Schaden (sieben Nennungen) wurde der finanzielle Schaden aufgrund der Beschreibung geschätzt, auf das jeweilige Auftragsvolumen bezogen und dann normiert. Diese drei Größen – der Schaden aus Verzögerung, Kostenanstieg und sonstigen Gründen – wurden dann zu dem Gesamtschaden, dem sogenannten Schadensindex zusammengefasst. Dabei gingen die beiden Indikatoren „Kostenanstieg" und „Bauzeitverlängerung" jeweils als beide sehr stark mit 40 % gewichtet ein. Der „sonstige Schaden" wurde demgegenüber nur mit 20 % gewichtet einberechnet, da er nur sehr schwer quantifizierbar war. Die so gewonnenen Werte wurden dann normiert.

Der Schadenindex wurde in vier Klassen gefasst: kein Schaden, geringer Schaden mit den Werten bis 10 %, mittlerer Schaden mit den Werten von 10 bis 25 % und hoher Schaden mit Werten ab 25 %.

Im Beispiel des Fragebogens Nr. 1 lag lediglich ein „sonstiger Schaden" vor, der als „Streit mit dem Käufer" beschrieben und mit 1 % geschätzt wurde. Die anderen beiden Indikatoren – „Bauverzögerung" und „Kostenanstieg" – betrugen beide 0. Nach Normierung der einzelnen Werte und Mittelwertbildung ergab sich 0,67 %. Im Verhältnis zu den anderen Bauvorhaben lag dieser Wert bei 1 %. Damit lag das Bauvorhaben in der Klasse „geringer Schaden".

IV. Komplexitätsindex

Die Ursache von Streitigkeiten bei Bauvorhaben sind in der Regel mangelhaft ausgeführte technische Gewerke. Es liegt in der Natur der Sache, dass die Mängel wahrscheinlicher und teurer werden, je größer der Umfang und die technischen Schwierigkeiten der Gewerke sind. Dieser Effekt wird noch verstärkt, wenn – was die Regel ist – die Gewerke voneinander abhängen, d. h. der Zeitpunkt und die Qualität der Ausführung des einen maßgeblich für die Erstellung eines anderen Gewerkes ist und sie zudem noch von verschiedenen Parteien erstellt werden. Wie oben dargelegt, werden Systeme, bei denen viele verschiedene Faktoren das Verhalten beeinflussen und die Faktoren noch wechselseitig voneinander abhängen, als komplex bezeichnet.

Es wurde daher mit Hypothese 5 vermutet, dass das Auftreten, das Ausmaß und die Intensität von Streitigkeiten von der technischen und organisatorischen Komplexität des jeweiligen Bauvorhabens in dem Sinne abhängen, dass bei komplexen Bauvorhaben Streitigkeiten häufiger und intensiver sind als bei weniger komplexen.

Nun konnte im Rahmen der Befragung die technische und organisatorische Komplexität eines Bauvorhabens nicht direkt erfragt werden, da diese zum einen nur schwer messbar ist und zum anderen viele befragten Personen keine ausreichenden technischen Kenntnisse hatten. Stattdessen wurde die Komplexität daher über die folgenden Indikatoren indirekt ermittelt (vgl. insoweit die auch die erläuternden Ausführungen unter Kapitel 3.B zu Hypothese 5):

– *Volumen des Bauvorhabens*

Größere technische Schwierigkeiten und ein größerer Umfang der Baumaßnahmen und damit eine höhere Komplexität führen zu höheren Kosten des Bauvorhabens.

– *Dauer des Bauvorhabens*

Komplexe Bauvorhaben dauern in der Regel länger als einfache Bauvorhaben.

– *Anzahl der Gewerke*

Meistens hängen die Gewerke voneinander ab, so dass eine größere Anzahl die Vernetzung bzw. die Komplexität erhöhen.

– *Anzahl der Beteiligten*

Ebenso erhöht eine größere Beteiligtenanzahl die Komplexität eines Bauvorhabens. Durch ein Steigen der Beteiligtenanzahl erhöhen sich die Möglichkeiten für Abstimmungsfehler bzw. -probleme. Es gibt mehr Möglichkeiten für Missverständnisse. Zudem verfolgen die verschiedenen Beteiligten oft vor allem ihre eigenen Interessen, die dem Gesamtziel nicht unbedingt dienlich sein müssen.

Zunächst wurden die für jeden einzelnen Indikator gefundenen Werte normiert, um sie mit den Werten der anderen Indikatoren vergleichbar zu machen. Wie schon ausgeführt, wird damit berechnet, wie groß jedes Bauvorhaben in den einzelnen Kategorien – hier Bauvolumen, Anzahl der Beteiligten, Anzahl der Gewerke und Bauzeit – im Verhältnis zu den anderen Bauvorhaben ist.

Diese vier so ermittelten normierten Größen – Bauvolumen, Anzahl der Beteiligten, Anzahl der Gewerke und Bauzeit – wurden über den arithmetischen Mittelwert zum sogenannten Komplexitätsindex zusammengefasst, da angenommen wird, dass jeder Indikator im gleichen Maße zur Komplexität beiträgt. Auf diese Weise wird eine mögliche unterschiedliche Verteilung der Werte ausreichend berücksichtigt: So kann ein Bauvorhaben im Verhältnis zu den anderen ein relativ kleines Bauvolumen und eine relative niedrige Bauzeit, aber überdurchschnittlich viele Beteiligte und Gewerke aufweisen. Und es kann damit vergleichbar komplex sein wie ein anderes Bauvorhaben mit hohen Werten bei Bauvolumen und Bauzeit, dafür aber niedrigen Werten bei der Anzahl der Beteiligten und der Gewerke.

Anhand des Komplexitätsindex wurden die Bauvorhaben in drei Klassen unterteilt: In die Klasse „klein" mit Werten bis 25 %, die Klasse „mittel" mit Werten von 25–50 % und die Klasse „groß" mit Werten ab 50 %.

Im Beispiel des Fragebogen Nr. 1 hatte dies ein Bauvolumen von 80.000 T€, nach Normierung betrug der Wert für den Indikator „Bauvolumen" 31 (87 %). Es gab 120 Beteiligte, der normierte Wert für den Indikator „Beteiligte" betrug 100 %. Mit 32 Gewerken ergab der normierte Wert für den Indikator „Gewerke" 53 (33 %). Die Bauzeit betrug 120 Monate, nach Verhältnissetzen zu den bei diesem Indikator von den anderen Bauvorhaben erlangten Werten ergaben sich hier 41 (67 %). Der Mittelwert aus diesen 4 Indikatoren beträgt 56 (72 %). Nach Normierung lag der Komplexitätsindex für dieses Bauvorhaben bei 73 (34 %) und damit in der Klasse „groß".

D. Überprüfung der Thesen anhand der Befragungsergebnisse

I. Einführung

Hauptziel der Befragung war die Untersuchung des Einflusses einer baubegleitend erstellten Dokumentation auf Streitigkeiten zwischen den Baubeteiligten. Dazu sind eine Reihe von Hypothesen über mögliche Zusammenhänge und Einflussgrößen aufgestellt worden (vgl. Kapitel 3.B), anhand derer wiederum der Fragebogen entwickelt wurde.

Die Hypothesen repräsentieren somit den fachlichen Hintergrund der Untersuchung. Es lag daher nahe, bei der Auswertung der Befragung die Überprüfung der Richtigkeit der Hypothesen in den Mittelpunkt zu stellen. Dabei sind in einigen Fällen auch unerwartete, neue Zusammenhänge festgestellt worden. Die folgende Zusammenfassung der Befragungsergebnisse stellt alle Ergebnisse in dem Kontext der Überprüfung der jeweiligen Hypothese dar.

II. Hypothese 1: Verhältnis Konflikt/baubegleitende Dokumentation

In diesem Abschnitt wird die Hypothese 1: „Die eigene baubegleitende Dokumentation des Baugeschehens beeinflusst das Ob und den Verlauf von Konflikten zwischen den Baubeteiligten positiv." anhand der Untersuchungsergebnisse überprüft. Da der Verlauf von Konflikten durch verschiedene Aspekte (Streit- bzw. Prozesswahrscheinlichkeit, Prozessdauer, Wahrscheinlichkeit für Einigung) beschrieben werden kann, wird im Folgenden der Einfluss der Dokumentation für jeden einzelnen Aspekt separat dargestellt.

1. Verhältnis Streit/Dokumentation

Als erstes Indiz für einen solchen Zusammenhang wurde der Anteil der Bauvorhaben, bei denen Streit auftrat, im Verhältnis zur Gesamtzahl der Bauvorhaben für unterschiedliche Dokumentationsarten untersucht. Dieses Verhältnis kann man als Wahrscheinlichkeit für das Auftreten von Streitigkeiten interpretieren. Im Folgenden wird der Begriff *Wahrscheinlichkeit* immer auf diese Art verstanden, d. h. als Quotient der Anzahl für den Einzelparameter und der Gesamtzahl der Fälle.

Als Dokumentationsarten wurden betrachtet:

- die selbst erstellte Dokumentation (unter *Eigendokumentationsindex*),
- die Dokumentation anhand von Zwischenabnahmen (unter *Zwischenabnahmeindex*)
- und die Dokumentation durch einen Sachverständigen (unter *Sachverständigenindex*).

Daneben wurde der Gesamtdokumentationsindex (unter *Gesamtdokumentationsindex*) abgebildet, der per Mittelwertbildung die drei Größen zusammenfasst.

Die nachfolgende Abbildung 4-4 stellt die Wahrscheinlichkeit für Streit über dem Dokumentationsindex, sortiert nach Dokumentationsklassen, dar. Da die Dokumentationsklasse dabei die Intensität der Dokumentation beschreibt, wäre nach der Hypothese zu erwarten, dass die Wahrscheinlichkeit für Streit bei zunehmender Dokumentation sinkt. Das heißt, die verbindenden Linien sollten nach rechts abfallen.[216]

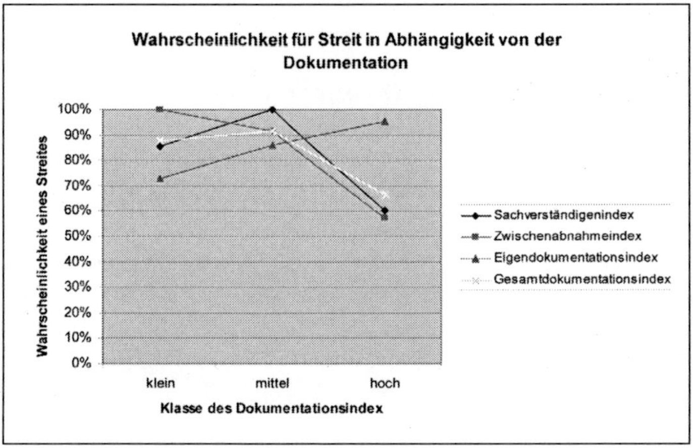

Abbildung 4-4 Wahrscheinlichkeit für Streit vs. Dokumentation

Es zeigt sich tatsächlich die Tendenz, dass die Wahrscheinlichkeit von Streitigkeiten mit der Zunahme der Dokumentation sinkt, d. h. dieser Wert in der jeweiligen „hoch"-Klasse des Dokumentationsindex am niedrigsten ist. Am niedrigsten ist die Wahrscheinlichkeit von Streitigkeiten bei hohem Sachverständigeneinsatz. Die Tendenz ist allerdings nur bei Betrachtung der intensiven (Klasse „hoch") Dokumentation im Vergleich zu geringerer (Klasse „klein") oder mittlerer Dokumentation (Klasse „Mittel") erkennbar, zwischen geringer und mittlerer Dokumentation ist keine oder sogar eine ansteigende Tendenz erkennbar. Wie später auch an anderen Stellen gezeigt wird, ist jede Dokumentationsform nur bei wirklich intensiver Nutzung wirksam.

216 Hinweis: Aus Gründen der Anschaulichkeit wurde in diesem Diagramm, wie auch in allen weiteren Diagrammen, eine verbindende Linie zwischen den einzelnen Werten eingeführt. Diese bedeutet nicht, dass es einen linearen Zusammenhang gibt und man Zwischenwerte ablesen kann. Die Linien sollen lediglich das Erkennen von Zusammenhängen erleichtern.

Allein beim Index der eigenen baubegleitenden Dokumentation ist die Wahrscheinlichkeit für einen Streit in der Klasse „klein", d. h. mit der geringsten eigenen Dokumentation am kleinsten und in der Klasse „hoch" dagegen etwas höher. Dies lässt sich damit erklären, dass die eigene baubegleitende Dokumentation das am wenigsten nachprüfbare Mittel für die Gegenseite ist und diese sich davon folglich nicht so leicht überzeugen lässt. Daher trägt sie nicht zu einer Streitvermeidung bei.

2. Verhältnis außergerichtliche Einigung/Dokumentation

Als weiteres Indiz im Rahmen der Hypothese wurde die Wahrscheinlichkeit für eine außergerichtliche Einigung untersucht. Zu erwarten wäre, dass die Parteien sich desto öfter ohne gerichtliche Hilfe einigen, je mehr und je umfassender ein Bauvorhaben dokumentiert wurde. Da die Fakten mehr und genauer dokumentiert sind, sollten die Parteien eher in der Lage sein, strittige Fragen wie das Vorliegen von Mängeln oder die Klärung von Verantwortlichkeiten ohne Gerichtsverhandlung zu klären.

In der nachfolgenden Abbildung 4-5 wurde die Wahrscheinlichkeit für eine außergerichtliche Einigung in Abhängigkeit von der baubegleitend erstellten Dokumentation dargestellt. Dabei wurden auf der X-Achse die Klassen des jeweiligen Dokumentationsindex und auf der Y-Achse der Prozentsatz der Wahrscheinlichkeit für eine außergerichtliche Einigung abgebildet. Da es bei fast allen einzelnen Dokumentationsindizes in der Klasse „hoch" mit nur 2–3 Fällen eine zu geringe Anzahl für eine sinnvolle Auswertung gab, wurde diese Klasse in der Abbildung weggelassen.

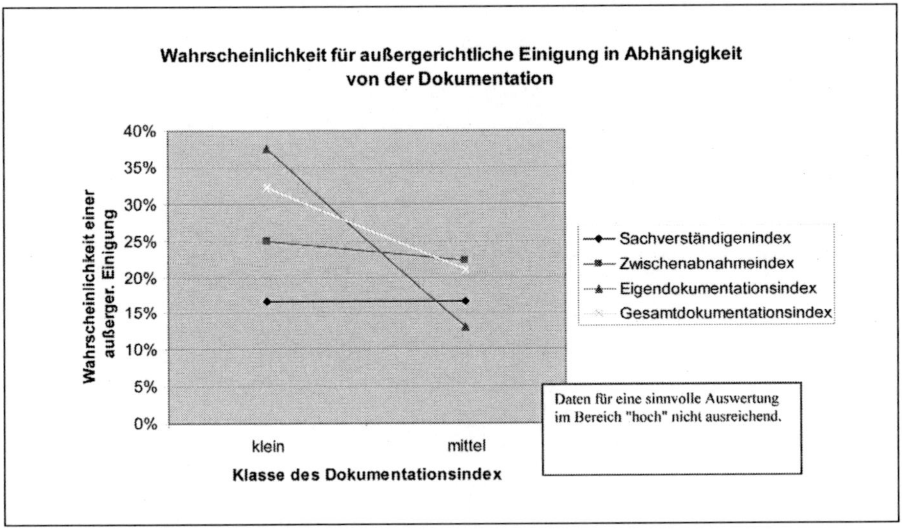

Abbildung 4-5 Wahrscheinlichkeit für außergerichtliche Einigung vs. Dokumentation

Da angenommen wurde, dass die Wahrscheinlichkeit für eine außergerichtliche Einigung mit der Klasse des Dokumentationsindex wächst, sollte die Linie von der Klasse „klein" zu der Klasse „mittel" hin ansteigen.

Wie ersichtlich, wird diese Annahme jedoch nicht bestätigt. Außer beim Einsatz eines Sachverständigen sinkt die Wahrscheinlichkeit für eine außergerichtliche Einigung bei einem Mehr an Dokumentation sogar geringfügig.

Eine mögliche Interpretation dieses Ergebnisses ist, dass Parteien, die viel Aufwand in die Dokumentation gesteckt haben, gerade deswegen das Gefühl haben, bei Streitigkeiten vor Gericht größere Erfolgsaussichten zu haben und daher im Vorfeld weniger kompromissbereit sind.

3. Verhältnis Hauptsacheverfahren/Dokumentation

Als weiteres Indiz für die Richtigkeit der Hypothese wurde der Zusammenhang zwischen der Dokumentation des Baugeschehens durch die einzelnen Mittel und der Einleitung eines Hauptsacheverfahrens untersucht. Angenommen wurde, dass je mehr und umfassender ein Bauvorhaben dokumentiert wird, die Parteien desto seltener ein Hauptsacheverfahren einleiten müssen.

Um diesen Zusammenhang aufzuzeigen, wurde – analog der Auswertungen in den beiden vorangegangenen Abschnitten – in der folgenden Abbildung 4-6 die prozentuale Wahrscheinlichkeit für ein Hauptsacheverfahrens in Relation zu der baubegleitend erstellten Dokumentation abgebildet:

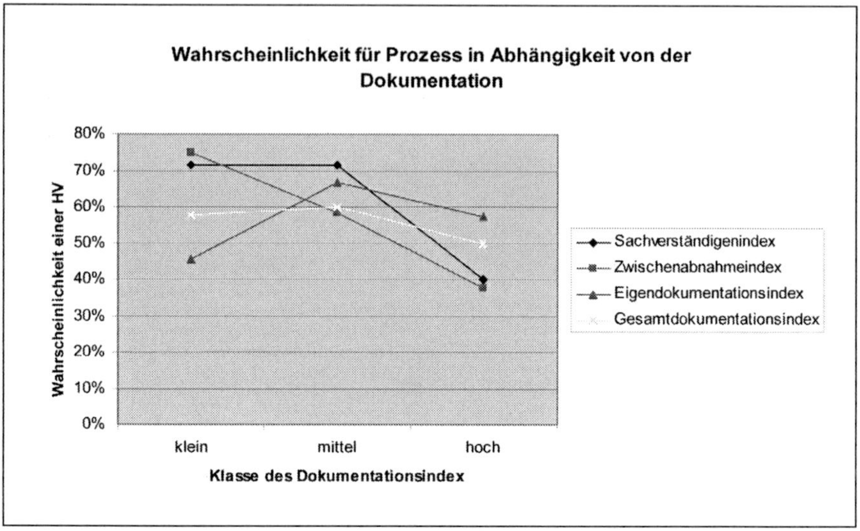

Abbildung 4-6 Wahrscheinlichkeit für Hauptsacheverfahren vs. Dokumentation

Die vermutete Tendenz ist aus der Abbildung 4-6 ablesbar, besonders deutlich bei dem Zwischenabnahme- und dem Sachverständigenindex. Die Wahrscheinlichkeit für einen Hauptprozess sinkt, je häufiger und intensiver Zwischenabnahmen gemacht und das Baugeschehen durch einen Sachverständigen aufgenommen wurden. Allein beim Index der eigenen baubegleitenden Dokumentation zeigt sich die vermutete Tendenz nicht, sondern hier ist die Wahrscheinlichkeit für einen Hauptprozess in der Klasse „klein", d. h. mit der geringsten eigenen Dokumentation am kleinsten und in der Klasse „hoch" dagegen etwas höher. Dies lässt sich wieder dahingehend interpretieren, dass die eigene baubegleitende Dokumentation das am wenigsten nachprüfbare Mittel für die Gegenseite ist und diese sich davon folglich nicht so leicht überzeugen lässt. Erneut zeigt sich auch, dass erst eine intensive Dokumentation (Dokumentationsklasse „hoch") wirksam ist, da die Unterschiede bei „klein" und „mittel" nicht sehr groß sind.

4. Verhältnis Prozessdauer/Dokumentation

Ferner wurde das Verhältnis zwischen der baubegleitend erstellten Dokumentation und der Dauer des ggf. nachfolgenden Hauptprozesses beleuchtet. Bei Richtigkeit der Hypothese müsste, je mehr und je umfassender ein Bauvorhaben dokumentiert wird, desto kürzer ein ggf. folgendes Hauptsacheverfahren sein.

Bei der Untersuchung dieser Verknüpfung ergab sich das Problem, dass das Zahlenmaterial sehr klein war. Bei den 40 Fällen mit einem Hauptsacheverfahren zum Zeitpunkt der Erhebung dauerte in 21 Fällen (53 %) das Verfahren noch an. Die endgültige Dauer des Prozesses war daher dort noch nicht feststellbar. Es konnte damit nur für 19 Fälle der vermutete Zusammenhang betrachtet werden:

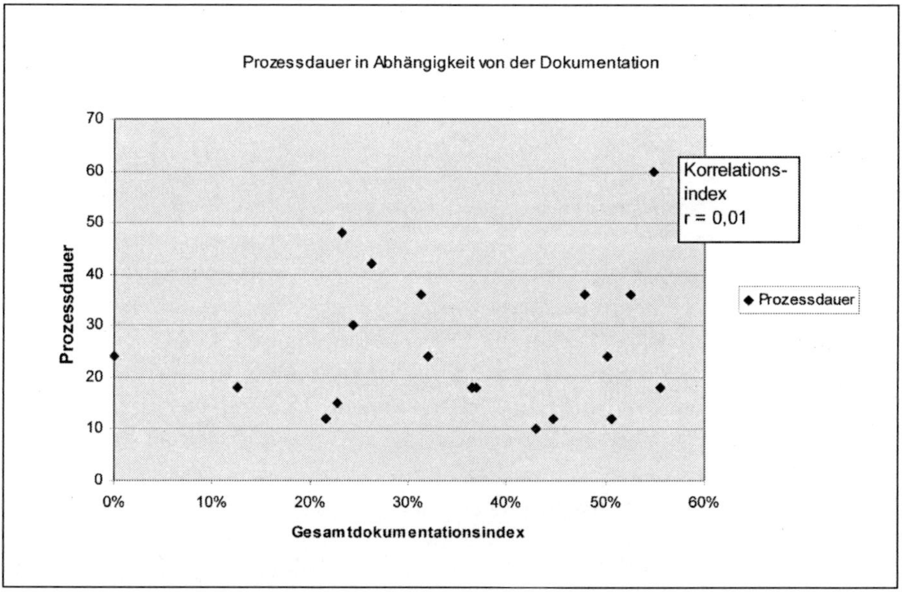

Abbildung 4-7 Dauer des Hauptsacheverfahrens vs. Dokumentation

Wie aus Abbildung 4-7 ersichtlich, ist hinsichtlich des Gesamtdokumentationsindex kein Zusammenhang erkennbar. Die einzelnen Werte bilden eine strukturlose Punktwolke, d. h. kurze und lange Prozesse traten sowohl bei intensiver als auch bei geringer Dokumentation auf. Der Korrelationskoeffizient nach Bravais/Pearson r liegt daher nur bei 0,01.

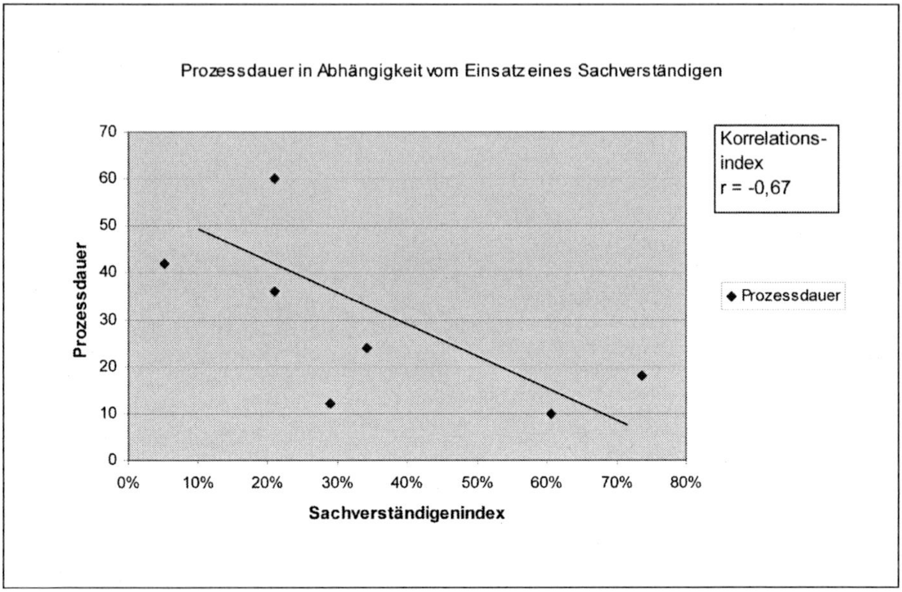

Abbildung 4-8 Dauer des Hauptsacheverfahrens vs. Einsatz eines Sachverständigen

Betrachtet man dagegen allein den Einsatz eines Sachverständigen, so ist zumindest ein schwacher Zusammenhang zwischen einem Mehr an Einsatz und der Abnahme der Prozessdauer erkennbar (vgl. Abbildung 4-8). Der Korrelationskoeffizient nach Bravais/Pearson r liegt immerhin bei 0,67. Wie aus der Abbildung ersichtlich ist, liegen allerdings nur sieben Fälle vor, in denen ein Sachverständiger dokumentiert hat und das Hauptverfahren schon abgeschlossen ist. Daher ist dieses Ergebnis nur bedingt aussagekräftig.

Letztlich ist hier daher festzuhalten, dass sich aufgrund der geringen Anzahl von 19 einschlägigen Fällen in der Untersuchung die Abhängigkeit der Prozessdauer von der Intensität der im Vorfeld erfolgten Dokumentation nicht richtig herausfiltern lässt.

Eventuell könnte jedoch der positive Einfluss der baubegleitenden Dokumentation auf den Verlauf von Konflikten umgekehrt auch dadurch belegt werden, dass andernfalls – bei einem Weniger an eigener Dokumentation im Vorfeld – der Prozess durch die Beweisermittlungen seitens des Gerichts verlängert wird.

Hierzu wurde zunächst der Frage nachgegangen, ob die Beweisermittlungen durch das Gericht überhaupt zu einer Verlängerung des Hauptsacheverfahrens führen.

Tatsächlich messbar ist nur die Länge des Hauptverfahrens an sich. Ob jedoch eine Verlängerung durch Beweisermittlungen erfolgt ist bzw. ob das Verfahren kürzer gewesen wäre, wenn das Gericht keine Beweise hätte einholen müssen, ist nicht so einfach und direkt ermittelbar. Daher wurde dies im Rahmen der vorliegenden Untersuchung nur subjektiv gemessen, indem die Teilnehmer nach ihrer Ansicht befragt wurden.

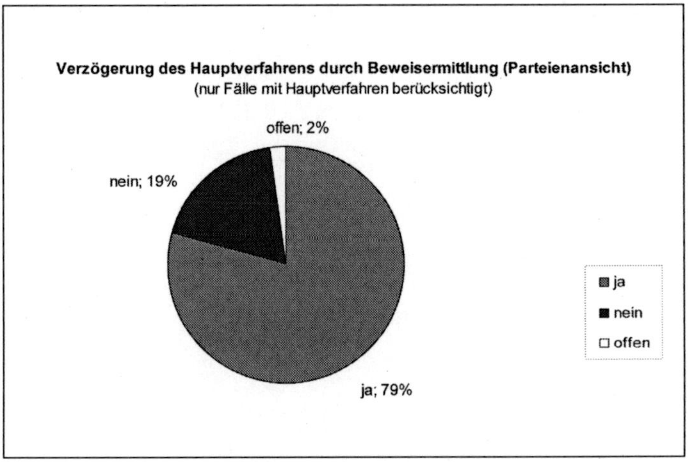

Abbildung 4-9 Verzögerung des Hauptsacheverfahrens durch Beweisermittlung

Die Abbildung 4-9 zeigt, inwiefern die Fragebogenteilnehmer der Ansicht waren, dass die Beweisermittlungen des Gerichts im Einzelfall den Prozess verlängert haben. Es ist deutlich erkennbar, dass die überwiegende Mehrheit der Befragten dieser Ansicht ist.

Zumindest nach Ansicht der Parteien wird diese Aussage also bestätigt.

Eine verwandte Thematik untersuchte Breunung in ihrer Dissertation durch Analyse von 1.357 Prozessakten erstinstanzlicher Zivilverfahren.[217] Dabei zeigte sich zwar, dass Prozesse mit Beweisermittlung durch Sachverständige im Durchschnitt besonders lange dauern,[218] der Sachverständige diese Prozesse aber letztlich faktisch entscheidet.[219]

Weitergehend sollte dann geprüft werden, ob je mehr und je umfassender ein Bauvorhaben dokumentiert wurde, es desto seltener bei einem ggf. folgenden

217 Breunung, Zur Prozesswirklichkeit des Sachverständigenbeweises, 1982.

218 Breunung, Zur Prozesswirklichkeit des Sachverständigenbeweises, S. 265.

219 Breunung, Zur Prozesswirklichkeit des Sachverständigenbeweises, S. 252.

Hauptsacheverfahren zur Verlängerung der Prozessdauer infolge von Beweisermittlungen seitens des Gerichtes kam. Für die Untersuchung dieses komplexeren Zusammenhangs zeigte sich jedoch auch an dieser Stelle, dass das erhobene Zahlenmaterial nicht ergiebig genug war. Wie ausgeführt, gab es nur 19 Fälle, in denen der Prozess bereits beendet war. Außerdem war die Tatsache, ob der Prozess durch gerichtliche Beweisermittlungen verzögert wurde, nur subjektiv erfragbar. Damit konnte auch auf diesem Wege die Abhängigkeit der Prozessdauer von der Intensität der baubegleitend durchgeführten Dokumentation seitens der Parteien nicht objektiv messbar ermittelt werden.

Zwar hat dies keinen messbaren wissenschaftlichen Wert, doch bot es sich an dieser Stelle an, die persönliche Meinung der Partei zu dem Thema zu erfragen, ob eine bessere eigene baubegleitende Dokumentation die Prozessdauer verkürzt hätte.

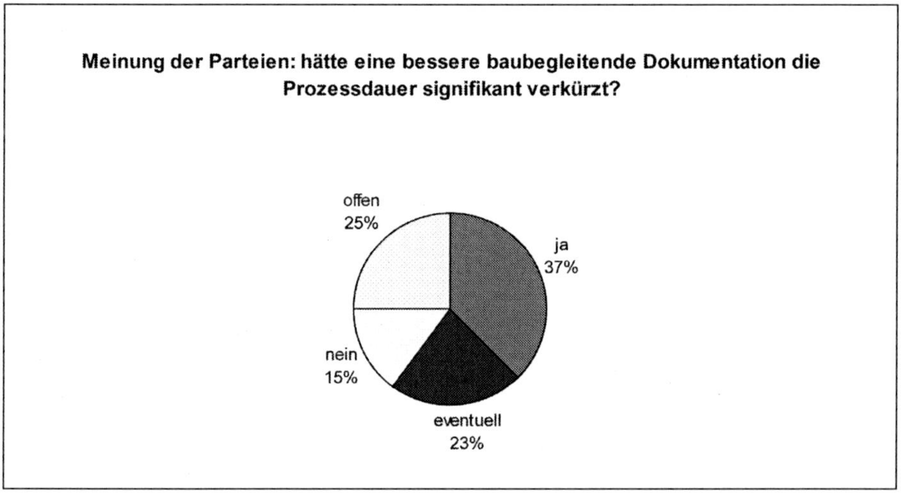

Abbildung 4-10 Verkürzung der Prozessdauer durch bessere baubegleitende Dokumentation

Wie aus Abbildung 4-10 ersichtlich ist, waren tatsächlich die Mehrheit der Fragebogenteilnehmer dieser Ansicht, 37 % antworteten mit einem eindeutigen „Ja" und weitere 23 % immerhin mit einem „eventuell". Demgegenüber standen nur 15 %, die diese Aussage verneinten. 25 % ließen die Antwort offen.

5. Ergebnis

Als Ergebnis lässt sich festhalten, dass sich bei einem Großteil der untersuchten Indizien die erwartete Tendenz zumindest bei der Dokumentation durch einen Sachverständigen und teilweise auch durch Zwischenabnahmen aufzeigen ließ. Der Einsatz dieser Dokumentationsarten hat positiven Einfluss auf das Entstehen und den Verlauf von Konflikten, insbesondere dann, wenn die Mittel intensiv eingesetzt werden.

Bei der eigenen baubegleitenden Dokumentation konnte allerdings der vermutete positive Effekt nicht aufgezeigt werden. Dies lässt sich darauf zurückführen, dass diese Art der Dokumentation das am wenigsten für die Gegenseite nachprüfbare Mittel ist und damit deutlich weniger Überzeugungskraft als beispielsweise die von einem neutralen Sachverständigen getroffenen Feststellungen hat. Auch vor Gericht hat die von der Partei selbst erstellte Dokumentation nicht denselben Stellenwert, wie oben (vgl. Darlegungen unter Kapitel 2.B) ausführlich erläutert wurde. Schließlich besteht bei der eigenen Dokumentation am meisten die Gefahr, dass sie zu lückenhaft ist.

Dennoch scheint eine intensive eigene Dokumentation ein subjektives Gefühl der Sicherheit zu geben: Es zeigte sich als ein – nach der These eigentlich nicht erwartetes – letztendlich aber nicht völlig überraschendes Ergebnis, dass die Tendenz zur außergerichtlichen Einigung bei besserer Dokumentation abfiel. Offensichtlich fühlen sich die Beteiligten gerade wegen der besseren Dokumentation sicherer, einen Prozess auch zu gewinnen und sind daher weniger kompromissbereit. Eine analoges Verhalten wurde in einer empirischen Untersuchung des Zusammenhangs zwischen dem Bestehen einer Rechtsschutzversicherung und dem Streitverhalten der Partei beobachtet: Bei den Versicherten wurde eine Verstärkung der Prozessbereitschaft und der Hartnäckigkeit der Rechtsverfolgung in einer Größenordnung von 5–10 % festgestellt. In Bagatellangelegenheiten, insbesondere bei Verkehrsordnungswidrigkeiten und im Zivilrecht bei Streitigkeiten nach Verkehrsunfällen ließ sich diese Tendenz sogar noch etwas deutlicher aufzeigen.[220]

Infolge einer Abminderung der möglichen Schadenshöhe – durch eine bessere Dokumentation bzw. durch eine Versicherung gegen die Prozesskosten – sind die Parteien offensichtlich eher bereit, das Risiko eines Prozesses einzugehen.

220 Jagodzinski/Raiser/Riehl, Rechtsschutzversicherung und Rechtsverfolgung, S. 143.

III. Hypothese 2: Verhältnis Konflikt/einzelne Dokumentationsmaßnahmen

Während bei Hypothese 1 die Wirksamkeit der Dokumentation allgemein auf das Konfliktverhalten betrachtet wurde, steht bei Hypothese 2 die Wirksamkeit einzelner Dokumentationsmittel im Vordergrund. Dabei wird vermutet, dass sich zum einen die einzelnen Mittel hier stark unterscheiden und zum anderen der jeweilige Einfluss mit der Intensität des Einsatzes steigt. Hypothese 2 ist für den Baupraktiker und damit auch den beratenden Baurechtler besonders relevant, da er danach sein Vorgehen bei der Dokumentation des Baugeschehens bzw. seinen diesbezüglichen Rat an die Partei ausrichten könnte.

Einzelne erfragte Mittel der Dokumentation waren das Foto, das Bautagebuch, der Ist/Soll Vergleich, das Durchführen von Zwischenabnahmen und der Einsatz eines Sachverständigen. Wie bereits dargelegt, wurde angenommen, dass der Einfluss der Einschaltung eines Sachverständigen am größten sei. Denn hier trifft ein neutraler Dritter mit spezieller Sachkunde die für die Dokumentation des Baugeschehens nötigen Feststellungen. Ebenfalls besonders einflussreich sollten die von den Parteien durchgeführten protokollierten Zwischenabnahmen sein, da der Auftraggeber hiermit bestimmte Leistungsstände bestätigt.

Als erstes Indiz wurde überprüft, inwieweit das einzelne Mittel der Dokumentation die Wahrscheinlichkeit des Entstehens von Konflikten beeinflusst. Angenommen wurde, dass das Mittel hier eine entscheidende Rolle spielt. Die Wahrscheinlichkeit für einen Konflikt sollte am niedrigsten bei der Dokumentation durch einen Sachverständigen sein.

Mittel der Dokumentation	Streit	kein Streit	Wahrscheinlichkeit für Streit
Foto	39	6	87 %
Bautagebuch	51	5	91 %
Ist/Soll Vergleich	19	2	90 %
Zwischenabnahmen	27	4	87 %
SV	24	4	86 %
alle Befragten	58	10	85 %

Tabelle 4-18 Wahrscheinlichkeit von Konflikten vs. Mittel der Dokumentation

Von den 68 in der Untersuchung erfassten Bauvorhaben trat bei 58 früher oder später Streit zwischen den Parteien auf (siehe Tabelle 4-18, letzte Zeile). Es verblieben damit nur zehn Fälle, die ohne Konflikt abgelaufen sind. Wie aus den %-Zahlen in der Tabelle 4-18 erkennbar, entscheidet allein das Mittel der Dokumentation nicht über die Wahrscheinlichkeit eines Streits. Die Wahrscheinlichkeit für das Entstehen einer Streitigkeit liegt bei allen Mitteln zwischen 85 und 91 %. Wie schon oben ausgeführt, waren hinsichtlich der einzelnen, zur Dokumentation eingesetzten Mittel selbstverständlich Mehrfachnennungen möglich. Die Wirksamkeit der Kombination von Mitteln wird weiter unten überprüft.

Wie schon oben bei der Untersuchung der Hypothese 1 (vgl. Abbildung 4-4) aufgezeigt, beeinflusst dagegen die Intensität des Einsatzes von Dokumentationsmitteln die Wahrscheinlichkeit des Auftretens von Konflikten sehr wohl. Dabei ist dann auch eine Differenz zwischen den einzelnen Arten der Dokumentation erkennbar. Insbesondere je intensiver ein Sachverständiger das Baugeschehen dokumentiert, desto weniger streiten sich die Parteien.

Als weiteres Indiz für einen besonders positiven Einfluss bestimmter Dokumentationsmittel wurde untersucht, ob der oben festgestellte Einfluss auf die Wahrscheinlichkeit eines Hauptsacheverfahrens sich ebenfalls bei den einzelnen Mitteln unterscheidet:

Mittel der Dokumentation	HV	keine HV	Wahrscheinlichkeit für HV
Foto	28	17	62 %
Bautagebuch	35	22	61 %
Ist/Soll Vergleich	11	11	50 %
Zwischenabnahmen	16	10	62 %
SV	18	8	69 %
alle Befragten	40	28	59 %

Tabelle 4-19 Wahrscheinlichkeit eines Hauptsacheverfahrens vs. Mittel der Dokumentation

Die Werte für die Prozesswahrscheinlichkeit bewegen sich zwischen 50 und 69 %, siehe Tabelle 4-19. Den niedrigsten Wert weist der Ist/Soll Vergleich auf, den höchsten der Sachverständige. Der Ist/Soll Vergleich scheint also positive Wirkung zu haben. Diese Tendenz hat sich auch im Verlaufe der weiteren Untersuchungen bestätigt, es erfolgen daher weiter unten erläuternde Ausführungen.

Hinsichtlich des Einsatzes des Sachverständigen hat sich demgegenüber oben bei den Untersuchungen zu Hypothese 1 (vgl. Abbildung 4-6) herausgestellt, das sich bei der Untersuchung dieses Zusammenhanges (Dokumentation/Prozesswahrscheinlichkeit) ein positiver Effekt zeigt, wenn die Einsatzintensität mitbetrachtet wird: Die Wahrscheinlichkeit eines Prozesses sinkt deutlich mit dem Ansteigen des Sachverständigenindex. Diese Differenz zu den Ergebnissen aus Tabelle 4-19 lässt sich damit erklären, dass die Dokumentation durch einen Sachverständigen erst dann einen Erfolg zeigt, wenn sie auch intensiv erfolgt.

Diese positive Tendenz zeigte sich auch hinsichtlich des Zwischenabnahmeindex. Je häufiger und für desto mehr Bereiche Zwischenabnahmen erfolgten, desto positiver ist ihr Einfluss. Allein beim Eigendokumentionsindex ist diese Tendenz umgekehrt, hier ist auch bei Mitbetrachtung der Einsatzintensität die Wahrscheinlichkeit für einen Prozess in der Klasse „hoch" höher als in der Klasse „klein". Wie dargelegt, lässt sich dies dahingehend interpretieren, dass sich die Gegenseite von der selbst erstellten baubegleitenden Dokumentation nicht so leicht überzeugen lässt und sich daher nicht auf eine außergerichtliche Lösung des Konfliktes einlässt.

Als nächstes Indiz sollte das Mittel der Dokumentation auch die Dauer des Hauptsacheverfahrens beeinflussen; es wird angenommen, dass diese am niedrigsten bei Dokumentation durch einen Sachverständigen sei. Für die Untersuchung dieses Zusammenhangs war jedoch das erhobene Zahlenmaterial nicht ergiebig genug, wie schon oben bei Hypothese 1 erläutert. Aus den dortigen Ergebnissen (vgl. Abbildung 4-8) ergibt sich aber immerhin, dass zumindest beim Einsatz eines Sachverständigen eine schwache Tendenz hinsichtlich eines positiven Effektes für die Dauer des Hauptsacheverfahrens erkennbar ist.

Wie ebenfalls bereits bei Hypothese 1 ausgeführt, war das vorliegende Zahlenmaterial nicht ergiebig genug, um zu überprüfen, ob umgekehrt die einzelnen Dokumentationsmittel die Wahrscheinlichkeit für das Erfordernis eigener Beweisermittlungen seitens des Gerichtes und damit bedingter Verzögerungen im Hauptsacheverfahren beeinflussen.

Zusammenfassend ist als Ergebnis zu Hypothese 2 festzuhalten: Ein Unterschied hinsichtlich des Einflusses der einzelnen Dokumentationsmittel lässt sich nur auffinden, wenn gleichzeitig die Einsatzintensität mitbetrachtet wird. Es war hier die Tendenz erkennbar, dass bei einem Mehr an Einsatz eines Sachverständigen und teilweise auch von Zwischenabnahmen deren positiver Einfluss auf die Entwicklung von Konflikten wächst. Demgegenüber lässt sich dies bei der Betrachtung der eigenen baubegleitenden Dokumentation grundsätzlich nicht aufzeigen. Eine Ausnahme davon stellt allerdings der Ist/Soll Vergleich dar, bei dessen Einsatz sich eine positive Auswirkung auf die Wahrscheinlichkeit für die Einleitung eines Hauptsacheverfahrens gezeigt hat.

IV. Hypothese 3: Verhältnis Schaden/baubegleitende Dokumentation

In diesem Abschnitt wird die Hypothese 3: „Je mehr und je umfassender ein Bauvorhaben dokumentiert wird, desto geringer ist der infolge von Streitigkeiten entstehende Schaden.“ anhand der Untersuchungsergebnisse überprüft.

Da der einer Partei durch Streitigkeiten entstandene Schaden vielfältiger Natur sein kann, wurde er mittels der drei Variablen „Kostenanstieg“, „Bauzeitverlängerung“ und „sonstiger Schaden“ gemessen. Diese drei Indikatoren wurden dann zu einer neuen Variablen, dem sogenannten Schadensindex zusammengefasst.

Als erstes Indiz für die Richtigkeit der Hypothese 3 wurde untersucht, ob der einer Partei infolge von Streitigkeiten mit der anderen Partei entstehender Schaden geringer wird, je häufiger dokumentiert wird:

Dokumentationshäufigkeit	Mittelwert des Schadensindex	Anzahl
bes. Anlass	15 %	2
mind. 14–täg.	2 %	2
mind. wöch.	7 %	12
täglich	13 %	26

Tabelle 4-20 Schadensindex vs. Dokumentationshäufigkeit

Es zeigte sich jedoch, dass hier zu wenig Zahlen für eine aussagekräftige Untersuchung vorlagen, da in der Gruppe „besonderer Anlass“ und „mindestens 14-tägig“ nur jeweils zwei Bauvorhaben vertreten waren (siehe Tabelle 4-20).

Möglicherweise lässt sich die vermutete Tendenz jedoch bei der Intensität der Dokumentation aufzeigen:

Dokumentationsbereich (Klassen)	Mittelwert des Schadensindex	Anzahl
kein	12 %	3
ein Bereich	7 %	7
zwei Bereiche	10 %	15
drei Bereiche	14 %	21
Gesamtergebnis	12 %	46

Tabelle 4-21 Schadensindex vs. Dokumentationsintensität

Wie aus der Tabelle 4-21 ersichtlich, steigt der durchschnittliche Schadensindex aber sogar mit der Zunahme der dokumentierten Bereiche geringfügig. Damit hat sich die erwartete Tendenz hier nicht bestätigt.

Daher wurde weiter untersucht, ob sich der vermutete positive Einfluss auf die Schadenshöhe nicht vielleicht bei einer Zusammenfassung der Größen „Häufigkeit“ und „Einsatzintensität“ der baubegleitend erstellten Dokumentation auffinden lässt.

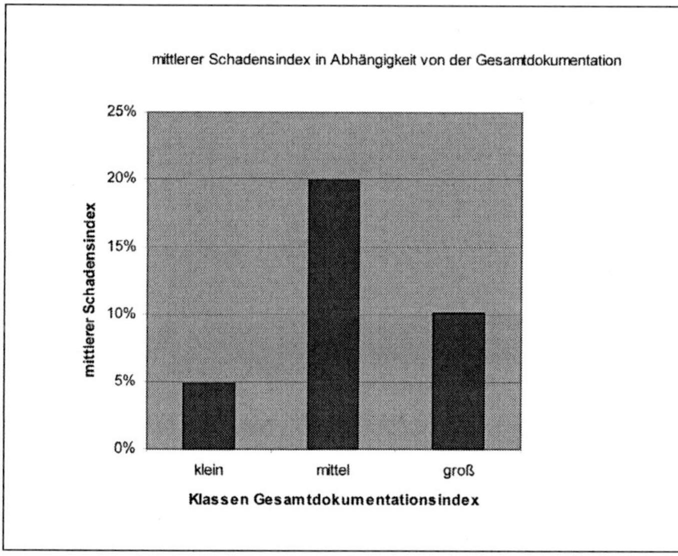

Abbildung 4-11 Mittlerer Schadensindex in Abhängigkeit von der Gesamtdokumentation

Doch auch bei Betrachtung des Gesamtdokumentationsindex im Verhältnis zum Schadensindex zeigt sich dieser vermutete Zusammenhang nicht (vgl. Abbildung 4-11). Wie ersichtlich, war der Schaden in der Klasse der Bauvorhaben mit „kleiner“ Dokumentation am geringsten, dann folgte die Klasse „groß“ und am meisten Schaden entstand in der Klasse „mittel“.

Hypothese 3 konnte also durch die Untersuchung nicht bestätigt werden. Es ließ sich kein messbarer Einfluss der baubegleitend erstellten Dokumentation auf den einer Partei später infolge von Konflikten entstandenen Schaden aufzeigen. Dies lässt sich möglicherweise darauf zurückführen, dass der Gesamtdokumentationsindex die verschiedensten Dokumentationsmaßnahmen zusammenfasst. Diese wirken möglicherweise unterschiedlich intensiv und ihre Wirkung wird eventuell teilweise sogar durch andere Einflüsse überlagert.

V. Hypothese 4: Verhältnis Schaden/einzelne Dokumentationsmaßnahmen

Während bei Hypothese 3 der Einfluss der Dokumentation allgemein auf den Schaden infolge Streitigkeiten betrachtet wurde, stand bei Hypothese 4 die Wirksamkeit einzelner Dokumentationsmittel im Vordergrund. Nach Hypothese 4 sollten die verschiedenen Dokumentationsmittel hier unterschiedlich stark wirken, am größten sollte der positive Einfluss beim Einsatz eines Sachverständigen für die Dokumentation sein.

1. Verhältnis Schaden/einzelne Dokumentationsmaßnahmen

Dabei wurde zunächst betrachtet, wie hoch bei jedem Dokumentationsmittel die Wahrscheinlichkeit ist, dass überhaupt ein Schaden infolge von Streitigkeiten entsteht. Vermutet wurde, dass die Wahrscheinlichkeit am niedrigsten bei Dokumentation durch einen Sachverständigen sei.

Mittel der Dokumentation	Schaden	kein Schaden	Wahrscheinlichkeit für Schaden
Foto	33	12	73 %
Bautagebuch	38	17	69 %
Ist/Soll Vergleich	13	8	62 %
Zwischenabnahmen	17	8	68 %
SV	20	6	77 %
alle Befragten	45	21	68 %

Tabelle 4-22 Wahrscheinlichkeit für Schaden vs. Mittel der Dokumentation

Als Maß für diesen Zusammenhang wurde in Tabelle 4-22 der Anteil der Bauvorhaben mit Schaden im Verhältnis zur Gesamtanzahl der in dieser Kategorie erfassten Bauvorhaben für verschiedene Dokumentationsmittel dargestellt.

Wie sich daraus ergibt, liegt die Wahrscheinlichkeit für einen Schaden jedoch immer bei ca. 70 %, unabhängig vom verwendeten Mittel. Auffällig ist allerdings, dass auch hier wieder der Ist/Soll Vergleich mit 62 % den kleinsten Wert aufweist.

Bei Betrachtung dieses Ergebnisses ist allerdings zu berücksichtigen, dass an dieser Stelle keinerlei Aussage zu der Höhe des Schadens getroffen wird, sondern nur nach „Schaden"/„kein Schaden" unterschieden wird. Dies bedeutet beispielsweise, dass auch schon ein Bauvorhaben mit einem nur sehr geringen Schaden unter die Kategorie „mit Schaden“ fällt.

2. Verhältnis Schadenshöhe/einzelne Dokumentationsmaßnahmen

Daher wurde nachfolgend untersucht, ob sich möglicherweise ein unterschiedlicher Einfluss der einzelnen Mittel der Dokumentation auf die Höhe des Schadens aufzeigen lässt. Angenommen wurde, dass der Schaden am niedrigsten bei Dokumentation durch einen Sachverständigen sei.

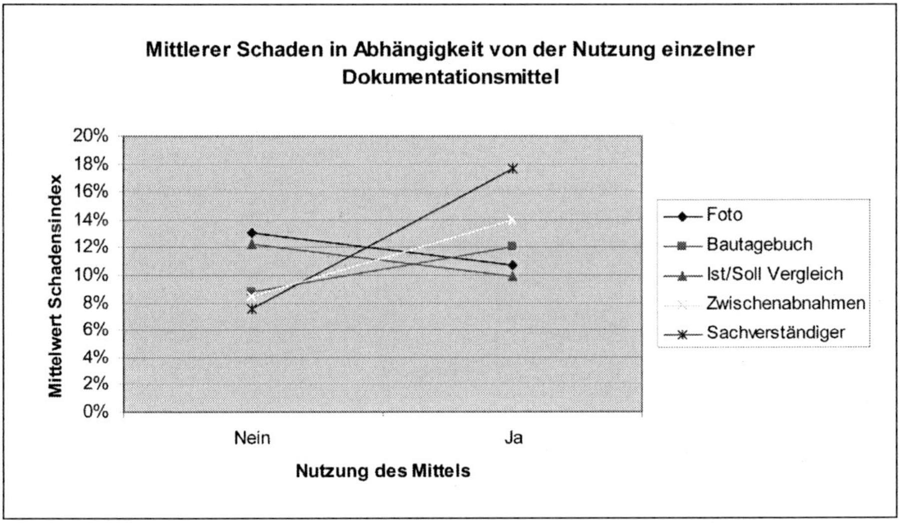

Abbildung 4-12 Mittlerer Schadensindex vs. der Nutzung einzelner Dokumentationsmittel

Die Abbildung 4-12 zeigt für jedes einzelne Mittel der Dokumentation auf, wie hoch der durchschnittliche Schaden aller Bauvorhaben mit einem beendeten Prozess ist, einmal wenn es nicht und dann wenn es eingesetzt wurde.

Wie sich daraus ergibt, ist kein klarer Zusammenhang ersichtlich, d. h. der einfache Einsatz eines Mittels wirkt sich nicht signifikant auf die Schadenshöhe aus, teilweise (so bspw. bei der Dokumentation durch Fotos) steigt diese sogar bei Nutzung des betreffenden Mittels. Bei Verwendung des Ist/Soll Vergleichs zeigt sich aber immerhin wieder eine schwache positive Tendenz.

Dieses Ergebnis überrascht. Wenn auch vorausgesetzt wurde, dass eine baubegleitende Dokumentation durch die jeweilige Partei selbst, von der gegnerischen

Partei und ggf. später auch dem Gericht nicht anstandslos akzeptiert wird, so dass es automatisch früher zu einer Einigung zwischen den Parteien bzw. einem rascheren Ende des Prozesses und damit zu einem geringeren Schaden kommt, so war doch eine zumindest schwache Korrelation erwartet worden. Das dies nicht so ist, lässt sich nur mit der Komplexität der Sachverhalte in baurechtlichen Streitigkeiten erklären. Die Parteien scheinen nicht in der Lage zu sein, selber ausreichend zu dokumentieren. Dazu kommt, dass Maßnahmen wie das Bautagebuch, Protokolle, Fotos und ähnliches oft den Sachverhalt nicht hinreichend belegen können. So kann beispielsweise durch ein Foto zwar der Schimmel an der Kellerwand aufgezeigt, nicht jedoch dessen Verursachung durch die Erstellung einer mangelhaften Abdichtung nachgewiesen werden.

3. Verhältnis Schaden/Sachverständigeneinsatz

Erstaunlich ist insbesondere, dass sich bislang nicht der vermutete positive Effekt des Einsatzes eines Sachverständigen auf die Schadensentwicklung aufzeigen ließ. Hier wird doch ein neutraler Dritter mit entsprechender Sachkunde tätig, so dass dies zumindest einen gewissen Einfluss haben müsste. Daher wurde in dieser Richtung weitergehend untersucht:

Zunächst wurde geprüft, ob sich der durchschnittliche Schaden mit der Anzahl der dokumentierten Bereiche verändert. Dabei ist zu beachten, dass bei den untersuchten Bauvorhaben der Sachverständige maximal in ein oder zwei Bereichen eingesetzt wurde. Möglich wären dagegen bis zu fünf Bereiche gewesen.

Bereiche dokumentiert durch Sachverständigen	Mittlerer Schadensindex
ein Bereich	20 %
zwei Bereiche	18 %

Tabelle 4-23 Mittlerer Schadensindex vs. dokumentierten Bereiche

Wie sich aus der Tabelle 4-23 ergibt, liegt der mittlere Schadensindex zwischen 18 und 20 %. Der durchschnittliche Schaden verändert sich also nicht wesentlich, wenn sich die Anzahl der dokumentierten Bereiche erhöht.

In nächsten Schritt wurde daher geprüft, ob ein Mehr bei der Anzahl der von dem Sachverständigen dokumentierten Bereiche in Kombination mit einem zeitlich höheren Einsatz den vermuteten positiven Einfluss auf die Schadenshöhe zeigt.

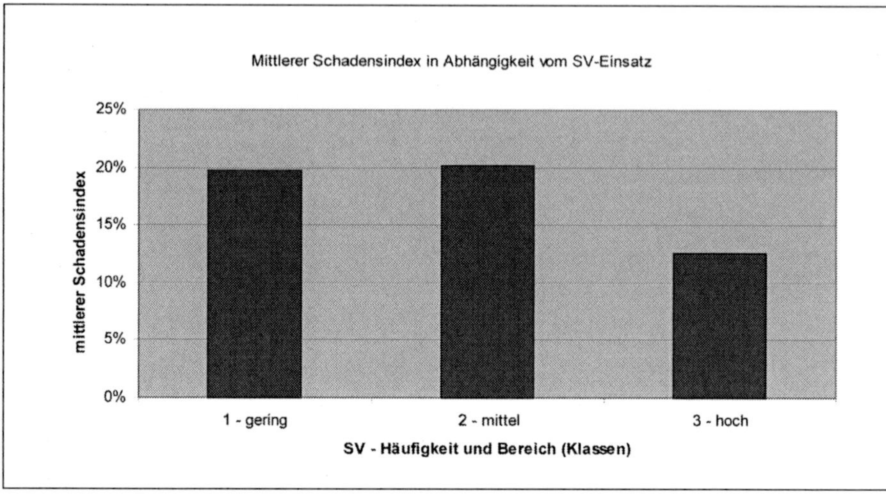

Abbildung 4-13 Schadensindex vs. Sachverständigeneinsatz (Häufigkeit und Bereich)

Wie aus der Abbildung 4-13 ersichtlich, ist bei Betrachtung des Schadens in Verhältnis zu der Anzahl der dokumentierte Bereiche und der Häufigkeit beim Einsatz eines Sachverständigen die vermutete Tendenz nunmehr erkennbar. Denn der Schaden ist in der Klasse „hoch" am geringsten, d. h. er sinkt. Offensichtlich hat der Einsatz eines Sachverständigen nur dann eine nennenswerte Wirkung auf den Schaden, wenn er möglichst intensiv erfolgt.

Dieser positive Einfluss auf die Schadenshöhe lässt sich sogar noch prägnanter aufzeigen, wenn allein die Häufigkeit des Sachverständigeneinsatzes in Relation zu der Schadenshöhe gesetzt wird:

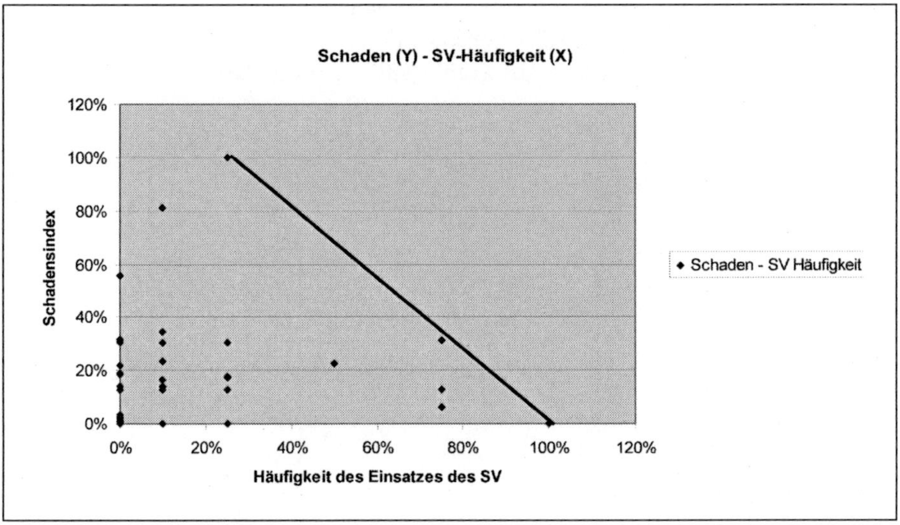

Abbildung 4-14 Schadensindex vs. Häufigkeit des Sachverständigeneinsatzes

Wie sich aus Abbildung 4-14 entnehmen lässt, ist bei täglichem Einsatz eines Sachverständigen keinerlei Schaden infolge von Streitigkeiten entstanden. Allerdings gab es auch nur zwei Fragebogenteilnehmer, die bei ihrem Bauvorhaben den Sachverständigen täglich eingesetzt haben, so dass diese Aussage nicht verallgemeinert werden kann. Sie scheint jedoch allgemein plausibel.

4. Zwischenergebnis

Es hat sich damit gezeigt, dass sich aus einer Einzeluntersuchung der Mittel relativ wenig Aussagen entnehmen lassen. Es lässt sich allein die Tendenz aufzeigen, dass ein häufiger und intensiver Einsatz eines Sachverständigen und das Erstellen von Ist/Soll Vergleichen schadensvermindernd wirken.

5. Verhältnis Schaden/Kombination bestimmter Dokumentationsmaßnahmen

Die sich daran anschließende Frage ist daher, ob es vielleicht die *Kombination* des Einsatzes der Mittel ist, die entscheidenden Einfluss auf die Schadensentwicklung hat. Da im Rahmen der vorliegenden Untersuchung naturgemäß nur eine geringe Menge von Fällen pro Kombination für die Auswertung vorlag, erfolgte dazu nur eine stichprobenartige Überprüfung.

Mittel 1 Vergleich Ist/Soll	Mittel 2 Bautagebuch	Mittel 3 Fotos	Mittelwert Schadensindex	Anzahl	Standard-Abweichung
Ja	Ja	Ja	11 %	15	13 %
Ja	Ja	Nein	0 %	2	--
Nein	Ja	Ja	12 %	12	11 %
Nein	Ja	Nein	16 %	10	32 %
Nein	Nein	Ja	8 %	4	15 %
Nein	Nein	Nein	9 %	4	11 %

Tabelle 4-24 Mittlerer Schadensindex vs. Ist/Soll-Vergleich, Bautagebuch und Foto

In Tabelle 4-24 wurden als Dokumentationsmittel der Ist/Soll Vergleich, das Bautagebuch und das Foto aufgenommen. Für die jeweiligen Kombinationen wurde der Mittelwert des Schadensindex ermittelt, die Anzahl der Fälle, in denen diese vorkamen, aufgeführt und die Standardabweichung berechnet.

Wie ersichtlich ist, lässt sich kein Zusammenhang erkennen. Der mittlere Schadensindex liegt bei fast allen Kombinationen zwischen 8 und 12 %. Eine Ausnahme stellt die Kombination von Ist/Soll Vergleich und Bautagebuch (2. Zeile der Tabelle) mit einem Schadensindex von 0 % dar, doch liegen in dieser Gruppe auch nur zwei Fälle überhaupt vor. Eine weitere Ausnahme ist die Kombination in der 4. Zeile, bei der nur mittels des Bautagebuches dokumentiert wurde und ein höherer mittlerer Schadensindex von 16 % vorlag. Da hier eine große Standardabweichung von 32 % gegeben ist, ist dieser Mittelwert jedoch offensichtlich nicht repräsentativ.

Anschließend wurde die gleiche Untersuchung mit dem Ist/Soll Vergleich, dem Sachverständigen und der Erstellung von Zwischenabnahmen als Mittel der baubegleitenden Dokumentation geführt:

Mittel 1 Vergleich Ist/Soll	Mittel 2 Sachverständiger	Mittel 3 Abnahme	Mittelwert Schadensindex	Anzahl	Standardabweichung
Ja	Ja	Ja	11 %	6	13 %
Ja	Ja	Nein	22 %	3	9 %
Ja	Nein	Ja	8 %	5	15 %
Ja	Nein	Nein	0 %	3	0 %
Nein	Ja	Ja	33 %	4	47 %
Nein	Ja	Nein	11 %	4	8 %
Nein	Nein	Ja	11 %	12	11 %
Nein	Nein	Nein	6 %	10	9 %

Tabelle 4-25 Mittlerer Schadensindex vs. Ist/Soll-Vergleich, Sachverständiger und Abnahme

Wie aus Tabelle 4-25 ersichtlich ist, lässt sich auch hier kein Zusammenhang aufzeigen. Der mittlere Schadensindex unterscheidet sich nicht groß, er liegt im Großteil der Fälle zwischen 6 und 11 %. Es gibt zwar zwei Kombinationen mit einem deutlich höheren mittleren Schadensindex in Zeile 2 und 5. Diese sind jedoch jeweils nur mit drei bzw. vier Fällen vertreten. Außerdem liegt bei der Kombination in Zeile 5 die Standardabweichung mit 47 % so hoch, dass der mittlere Schadensindex nicht repräsentativ sein kann. Einen niedrigeren mittleren Schaden als die anderen Kombinationen weist die Kombination in Zeile 4 mit sogar nur 0 % auf, diese Konstellation kommt jedoch auch wieder nur in drei Fällen vor.

6. Ergebnis

Es ist festzuhalten, dass sich zwar für die meisten untersuchten Dokumentationsmittel keine klaren Zusammenhänge zum Ob und der Höhe des der Partei infolge von Streitigkeiten entstehenden Schadens aufzeigen lassen. Aber immerhin weisen die Ist/Soll Vergleiche zumindest eine schwache positive Tendenz auf. Und es ergibt sich ein klarer Zusammenhang von Schadenshöhe und häufigem und intensiven Einsatz von Sachverständigen. Der Schaden wird niedriger, je häufiger und intensiver der Sachverständige eingesetzt wird.

Offensichtlich ist das System so komplex, dass nicht erfasste Faktoren überwiegen bzw. erst bei einer viel größeren Zahl von untersuchten Fällen Zusammenhänge deutlich werden. So kann beispielsweise in bestimmten Fällen ein Mittel besonders erfolgreich sein, das sonst nicht so wirksam ist. Aufgrund der vergleichsweise geringen Menge von Fragebögen können solche komplizierten Zusammenhänge jedoch im Rahmen dieser Untersuchung nicht ermittelt werden. Immerhin hat sich aber anhand der Ergebnisse zum Sachverständigeneinsatz und zum Erstellen von Ist/Soll Vergleichen gezeigt, dass es die Möglichkeit gibt, mit bestimmten Maßnahmen der baubegleitend erstellter Dokumentation den der Partei entstehenden Schaden durch Streitigkeiten zu minimieren.

VI. Hypothese 5: Verhältnis Konflikt/Komplexität

Nach Hypothese 5 war zu erwarten, dass die Komplexität eines Bauvorhabens ebenfalls großen Einfluss auf das Auftreten und den Verlauf von Konflikten hat. Insbesondere wurde vermutet, dass bei höherer Komplexität eines Bauvorhabens bei gleicher Dokumentation die Wahrscheinlichkeit für Konflikte unter den Beteiligten überproportional größer ist als bei einem weniger komplexen Bauvorhaben. Wie oben dargelegt (C.IV), wurde die Komplexität eines Bauvorhabens über die 4 Parameter Bauvolumen, Anzahl der Beteiligten, Anzahl der Gewerke und Bauzeit gemessen. Diese 4 Größen wurden normiert und dann per Mittelwertbildung zu dem sogenannten Komplexitätsindex zusammengefasst.

1. Verhältnis Dokumentationsaufwand/Komplexität

Hierzu wurde zunächst untersucht, wie sich das Dokumentationsverhalten in Abhängigkeit von der Komplexität verhält. Da oben festgestellt wurde, dass die Dokumentation den Verlauf von Konflikten ebenfalls beeinflusst, könnte sie den Effekt nach Hypothese 5 möglicherweise kompensieren. Dieser wäre dann ggf. nicht mehr oder nur abgeschwächt erkennbar.

Da komplexere Bauvorhaben in der Regel größer und teurer sind, wurde angenommen, dass die Parteien dort mehr dokumentieren.

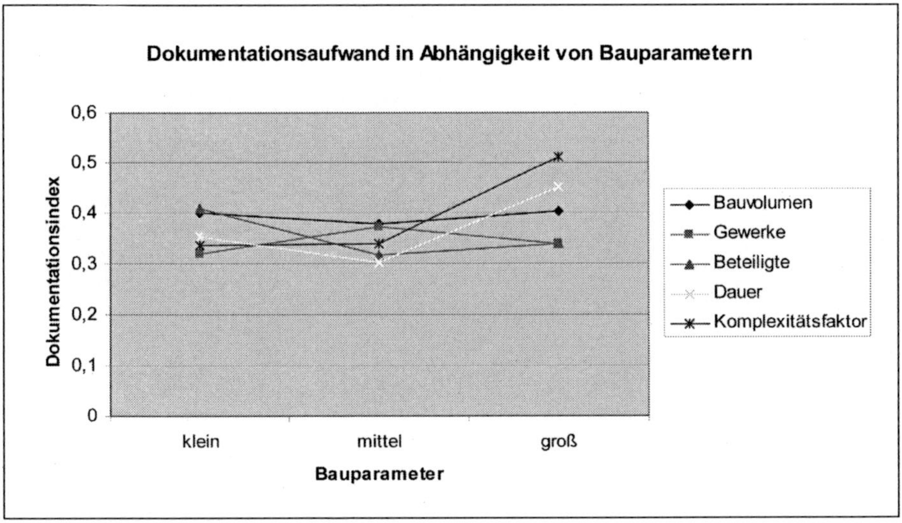

Abbildung 4-15 Dokumentationsaufwand in Abhängigkeit von Bauparametern

Wie sich aus der Abbildung 4-15 ergibt, hat sich diese Annahme teilweise bestätigt: Bei den besonders komplexen Bauvorhaben und bei den besonders langen Bauvorhaben gab es einen Anstieg von 50 % beim Dokumentationsindex. Vermutlich wachsen bei den Projekten mit großer Dauer bei den Parteien die Einsicht und das Bedürfnis nach stärkerer Dokumentation des Baugeschehens. Hinsichtlich der Bauvorhaben mit großer Komplexität wird diese offensichtlich auch von den Bauparteien als Problem wahrgenommen und es wird versucht, dies durch größeren Dokumentationsaufwand zu kompensieren. Damit bestätigt sich im Übrigen auch die Richtigkeit der Annahmen bei der Bildung des Komplexitätsindex.

Für die Bauparameter Bauvolumen, Anzahl der Gewerke und Anzahl der Beteiligten konnte der vermutete Anstieg des Dokumentationsindex jedoch nicht aufgezeigt werden. Zumindest für das Bauvolumen ist dies erstaunlich und lässt sich nur dadurch erklären, dass die in der Fragebogenuntersuchung erfassten Bauvorhaben in diesen Punkten vermutlich nicht repräsentativ genug sind.

Ein klarerer Zusammenhang zwischen dem Aufwand bei der Dokumentation und den Bauparametern ergibt sich dagegen, wenn man nur den Einsatz eines Sachverständigen betrachtet:

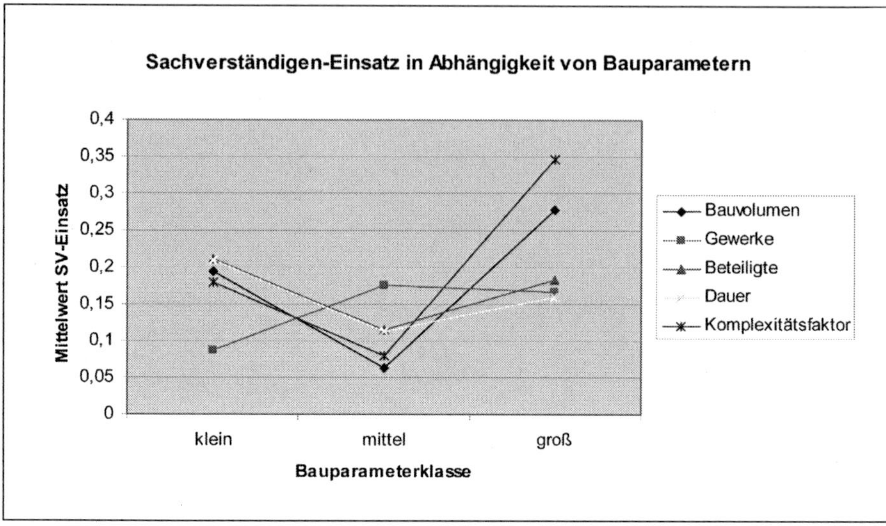

Abbildung 4-16 Sachverständigeneinsatz in Abhängigkeit von Bauparametern

Wie aus Abbildung 4-16 ersichtlich, verdoppelt sich der Index für den Sachverständigen-Einsatz bei großen Bauvorhaben gegenüber mittleren und kleinen. Das liegt vermutlich daran, dass insbesondere bei Bauvorhaben mit einem höheren Bauvolumen bzw. einer größeren Komplexität mehr Geld im Spiel ist, so dass die Parteien eher bereit sind, einen Sachverständigen einzusetzen. Wie schon festgestellt, sind die Bauvorhaben mit Bauparametern in der mittleren Klasse anscheinend nicht ganz repräsentativ, so dass bei diesen – entgegen der vermuteten Tendenz – eher weniger Sachverständige als bei den kleinen eingesetzt werden.

Insgesamt lässt sich jedoch feststellen, dass Umfang und Breite der Dokumentation bei größeren Bauvorhaben tendenziell größer ist.

2. Verhältnis Streit/Komplexität

Im nächsten Schritt wurde der Frage nachgegangen, ob die Wahrscheinlichkeit für einen Konflikt zwischen den Parteien mit der Komplexität der Bauvorhaben tatsächlich steigt.

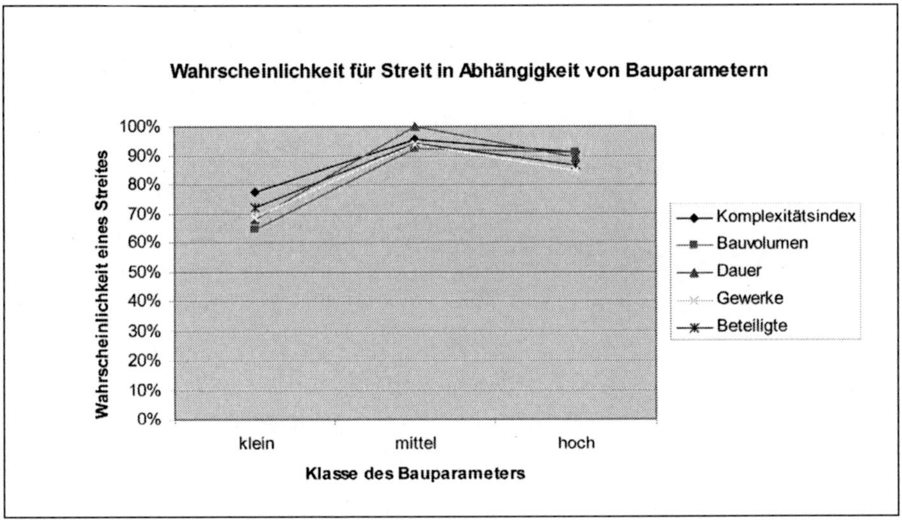

Abbildung 4-17 Wahrscheinlichkeit für Streit in Abhängigkeit von Bauparametern

Wie anhand der Abbildung 4-17 ersichtlich, ist in den Klassen „klein" die Wahrscheinlichkeit für einen Streit erheblich geringer als in den höheren Klassen. Da zudem oben festgestellt wurde, dass die Parteien bei den kleinen Bauvorhaben etwas weniger dokumentieren, kann daraus der Schluss gezogen werden, dass die Wahrscheinlichkeit für Streit mit der Komplexität des Bauvorhabens steigt.[221]

3. Verhältnis außergerichtliche Einigung/Komplexität

Als weiteres Indiz für die Richtigkeit der Hypothese 5 wurde untersucht, ob demgegenüber die Wahrscheinlichkeit für eine außergerichtliche Einigung mit der Komplexität des Bauvorhabens abnimmt.

221 So auch Schröder, NZBau 2008, 1 (12 ff.).

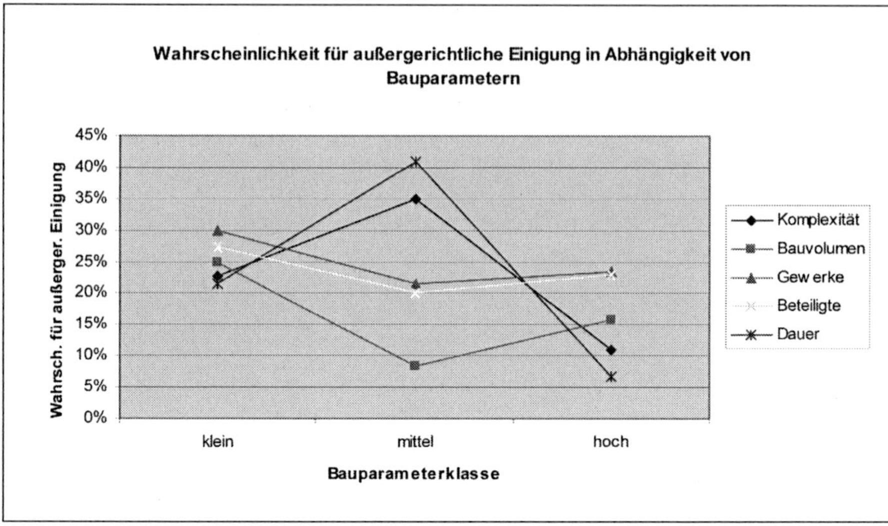

Abbildung 4-18 Wahrscheinlichkeit für außergerichtliche Einigung vs. Bauparameter

Wie aus Abbildung 4-18 ersichtlich ist, bestätigt sich die Annahme. Die Wahrscheinlichkeit für eine außergerichtliche Einigung sinkt bei großen, langen und komplexen Bauvorhaben. Die Parteien scheinen bei einem Mehreinsatz von Arbeitskraft, finanziellen Mitteln usw. weniger bereit zu sein, Kompromisse einzugehen. Die Relevanz dieser Auswertung ist allerdings gering, da nur bei 13 Bauvorhaben eine außergerichtliche Einigung stattfand (vgl. Seite 72, Tabelle 4-15).

4. Verhältnis Hauptsacheverfahren/Komplexität

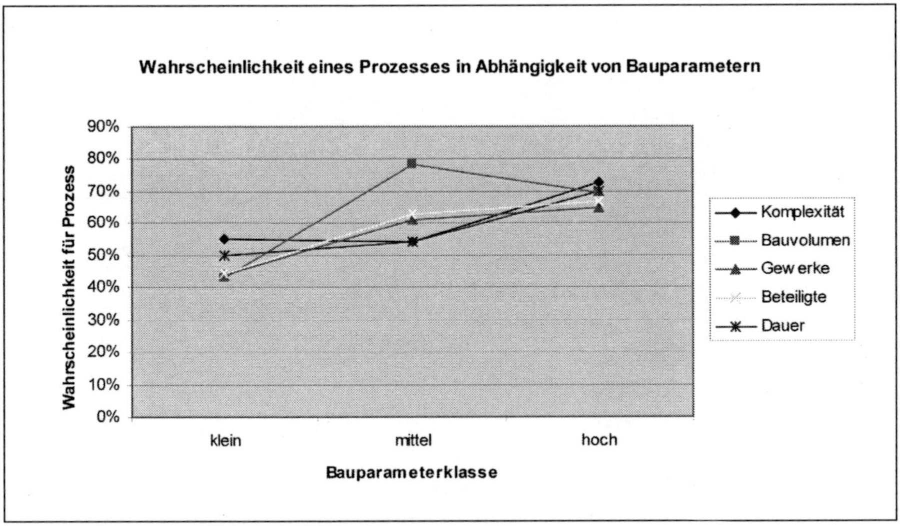

Abbildung 4-19 Wahrscheinlichkeit für Hauptsacheverfahren vs. Bauparametern

Bei der Untersuchung der Wahrscheinlichkeit für die Einleitung eines Hauptsacheverfahren, wird die mit Hypothese 5 angenommene Tendenz ebenfalls bestätigt (vgl. Abbildung 4-19). Vergleicht man kleine und große Bauparameter ergibt sich für alle Parameter ein signifikanter Anstieg um 20 % bis 30 %. Die Bauvorhaben mit mittlerem Bauvolumen sind, wie bereits erwähnt, vermutlich Ausreißer.

Das Verhältnis von der Komplexität eines Bauvorhabens und der Dauer des ggf. folgenden Hauptprozesses wurde nicht geprüft, da sich schon bei der Untersuchung des Zusammenhangs zwischen Dokumentation und Prozessdauer herausgestellt hat, dass mit einer Anzahl von 19 zu wenig Fälle mit bereits abgeschlossenen Prozessen in der Untersuchung erfasst wurden.

5. Verhältnis Schaden/Komplexität

Daher wurde als nächstes der Schadensindex in Abhängigkeit von den Bauparametern untersucht. Es wurde nach Hypothese 5 vermutet, dass der einer Partei infolge von Streitigkeiten entstehende Schaden mit der Zunahme der Komplexität des Bauvorhabens steigt.

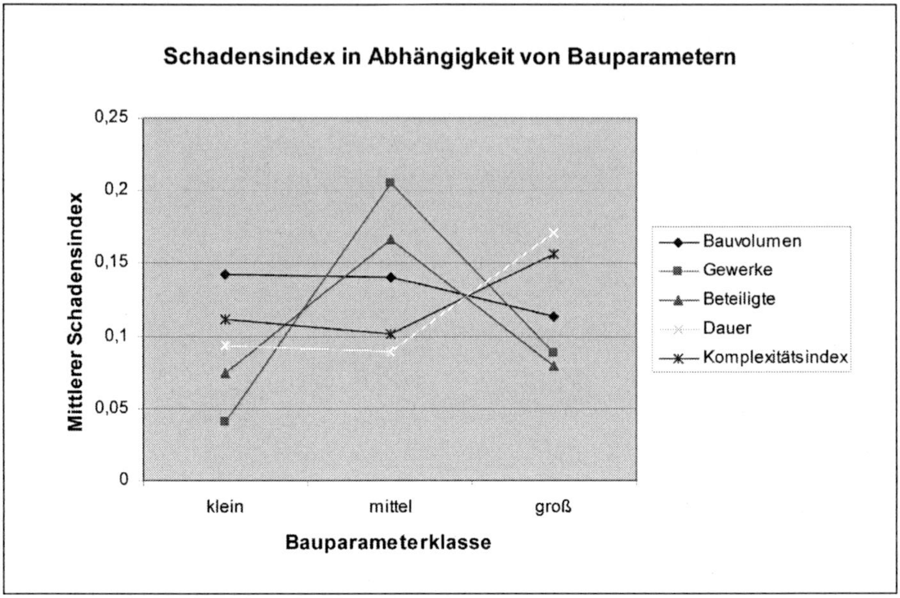

Abbildung 4-20 Schadensindex in Abhängigkeit von Bauparametern

Während der Schadensindex bei den Größen Dauer und Komplexität tendenziell mit einem Anwachsen der Bauparameter zunahm und beim Bauvolumen ungefähr gleich blieb, ergab sich ein unerwartetes Maximum bei den Gewerken und den Beteiligten in der mittleren Klasse (vgl. Abbildung 4-20). Als Grund wurde hier vermutet, dass bei den einzelnen Werten einige „Ausreißer" vorlagen, die das Ergebnis verfälschten.

Um dies zu überprüfen, wurde daher die Standardabweichung bei den Beteiligten und den Gewerken errechnet. Die Standardabweichung zeigt an, wie die Ausprägungen eines Merkmals im Durchschnitt vom Mittelwert der Gesamtheit abweichen.[222] Falls ihr Wert sehr hoch ist, weichen die einzelnen Ausprägungen stark vom Mittelwert ab. Und umgekehrt: je kleiner die Standardabweichung ist, desto besser spiegelt der Mittelwert alle Werte wieder (vgl. nähere Ausführungen dazu unter Kapitel 3.H.VIII).

222 Diekmann, Empirische Sozialforschung, S. 563 f.; Voß, Taschenbuch Statistik, S. 147.

Bauparameterklasse	Standardabweichung Beteiligte	Standardabweichung Gewerke
klein	11 %	10 %
mittel	26 %	28 %
groß	11 %	10 %

Tabelle 4-26 Berechnung Standardabweichung beim Schadensindex bei den Größen „Beteiligte" und „Gewerke"

Wie aus Tabelle 4-26 ersichtlich ist, ist die Standardabweichung in der Klasse „mittel" mit 26 bzw. 28 % tatsächlich sehr erheblich.

Werden in Abbildung 4-20 jedoch nur die kleinen und großen Bauparameter betrachtet, so zeigt sich ein Anstieg des Schadensindex bei der Dauer, der Anzahl der Gewerke und der Komplexität insgesamt. Demgegenüber ist beim mittleren Schaden bei der Anzahl der Beteiligten kein Unterschied erkennbar und beim Bauvolumen sogar ein Abfall zu beobachten.

Die Hypothese 5 wird demnach durch den Verlauf bei der Komplexität, den Gewerken und der Dauer bestätigt. Allerdings ist noch zu beachten, dass der Schadensindex relativ zum Bauvolumen (Kostenanstiegsfaktor) und zur Dauer (Verzögerungsfaktor) bestimmt wurde. Sowohl die Variable „Kostenanstieg", als auch die Variable „Bauzeitverlängerung" wurden prozentual zum Bauvolumen bzw. zur Baudauer erfragt. Der absolute Schaden ist demnach bei Bauvorhaben mit großem Bauvolumen größer als bei kleineren, auch wenn nach Abbildung 4-20 der Schadensindex abfällt. Das erklärt möglicherweise ebenfalls den fehlenden Anstieg bei Bauvorhaben mit großem Volumen: Ab einer bestimmten Größe spielen vermutlich auch absolute Zahlen eine Rolle, d. h. bei einen Bauvorhaben mit 100 Millionen € tritt nicht so leicht eine Verteuerung um 50 % auf, wie bei einem mit 100.000 €.

6. Verhältnis Schaden/Dokumentation/Komplexität

Am Ende wurde noch die für die Baubeteiligten sicherlich interessanteste Frage untersucht, ob eine stärkere Dokumentation den festgestellten negativen Einfluss einer größeren Komplexität eines Bauvorhabens auf die Schadenshöhe ausgleichen kann.

Eine eindeutige Tendenz ließ sich hier nur beim Einsatz eines Sachverständigen auffinden. Dies lässt sich vermutlich darauf zurückführen, dass dies die Dokumentationsmaßnahme mit der höchsten Qualität und Objektivität ist. Sie ist daher zum einen am genauesten messbar, zum anderen hat sie aber auch die stärksten Auswirkungen.

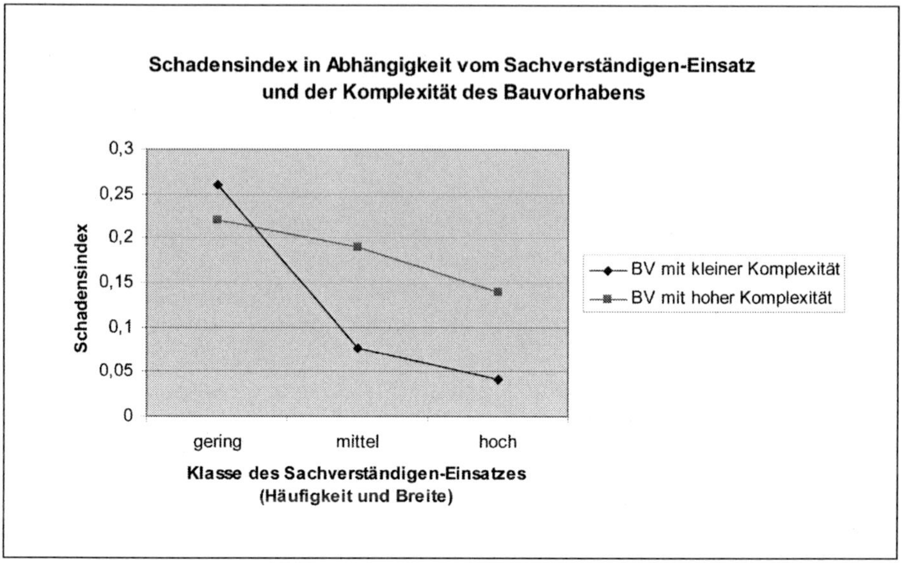

Abbildung 4-21 Schadensindex vs. Sachverständigeneinsatz und Komplexität

Wie erwartet und in der Abbildung 4-21 erkennbar, sinkt der Schadensindex bei einer häufigeren und intensiveren Dokumentation durch einen Sachverständigen bei den Bauvorhaben mit kleiner und hoher Komplexität, wobei der Effekt bei den kleinen Bauvorhaben deutlich größer ist. Offensichtlich ist selbst ein Sachverständiger bei komplexen Bauvorhaben durch die Komplexität überfordert. Die Bauvorhaben mit mittlerer Komplexität wurden hier nicht betrachtet, da es nicht genug Fälle mit hohem SV-Einsatz gab, so dass insoweit keine vollständige Auswertung möglich war.

7. Ergebnis

Die Hypothese 5 konnte für den Großteil der Komplexität beschreibenden Variablen bestätigt werden, insbesondere für den Komplexitätsfaktor selbst. Die Komplexität eines Bauvorhabens hat demnach einen Einfluss auf das Auftreten und den Verlauf von Konflikten zwischen den Parteien. Mit einem Ansteigen der Komplexität des Bauvorhabens kommt es häufiger zu Streitigkeiten, diese werden seltener durch eine außergerichtliche Einigung gelöst, es werden häufiger Hauptsacheverfahren eingeleitet und der den Parteien infolge von Streitigkeiten entstehende Schaden steigt. Durch eine häufige und intensive Dokumentation mittels eines Sachverständigen kann diesem Einfluss entgegengewirkt werden.

VII. Hypothese 6: Verhältnis Konflikt/selbstständiges Beweissicherungsverfahren

Nach Hypothese 6 hat die vorprozessuale Beweissicherung durch ein selbstständiges Beweissicherungsverfahren positiven Einfluss auf Erfordernis und Dauer eines Hauptverfahrens und Ausmaß des bei der Partei verursachten Schadens.

Als erstes Indiz für diesen Zusammenhang wurde untersucht, ob durch die Durchführung eines selbstständigen Beweissicherungsverfahrens Hauptverfahren vermieden werden und sich die Parteien bereits außergerichtlich einigen.

In 21 der erfassten Fälle wurde ein selbstständiges Beweissicherungsverfahren durchgeführt, wobei in einem Fall das Verfahren noch lief. Wegen dieser geringen Anzahl sind die hier gewonnen Ergebnisse allerdings nur bedingt aussagekräftig.

	ag Einigung	Keine ag Einigung	Fälle mit ag Einigung
BV mit selbst. Beweisverf.	4	16	25 %
BV ohne selbst. Beweisverf.	13	24	54 %

Tabelle 4-27 außergerichtliche (ag) Einigung vs. selbst. Beweissicherungsverfahren

Bei vier (= 20 %) der 20 abgeschlossenen Verfahren fand eine Einigung nach Durchführung des selbstständigen Beweissicherungsverfahrens statt, in den verbleibenden 16 Fällen (= 80 %) gab es keine Einigung. Demgegenüber gab es bei Streitigkeiten in 13 Fällen ohne vorherige Durchführung eines selbstständigen Beweissicherungsverfahrens eine außergerichtliche Einigung und kam es in 24 Fällen (= 54 %) zu einem Hauptprozess (vgl. Tabelle 4-27). Danach wird offensichtlich durch ein selbstständiges Beweissicherungsverfahren die Wahrscheinlichkeit für eine außergerichtliche Einigung nicht erhöht, eher das Gegenteil scheint der Fall zu sein.

Das lässt sich möglicherweise damit erklären, dass die Fälle, in denen ein selbstständiges Beweissicherungsverfahren durchgeführt wird, ein besonders hohes Streitpotential aufweisen. Daher kämpfen die Parteien oft weiter und zeigen sich nicht kompromissbereit. Offensichtlich wird das in dem Verfahren eingeholte Sachverständigengutachten häufig nicht als abschließend und unwiderlegbar anerkannt.

Als weiteres Indiz für die Hypothese wurde geprüft, ob die Durchführung eines selbstständigen Beweissicherungsverfahrens die Dauer des ggf. nachfolgenden Hauptsacheverfahrens verkürzt.

	Mittelwert der Prozessdauer in Monaten	Anzahl der Fälle	Standardabweichung in Monaten
selbstständiges Beweissicherungsverfahren	27	9	13
kein selbstständiges Beweissicherungsverfahren	25	10	15

Tabelle 4-28 Dauer des Hauptsacheverfahrens vs. selbstständigen Beweissicherungsverfahren

Wie aus Tabelle 4-28 ersichtlich, unterscheidet sich die Prozessdauer bei den untersuchten Fällen nur geringfügig. In Anbetracht der allgemein großen Streuung der Prozessdauer (von 10–60 Monaten) und der dazu geringen Zahl von Fällen ist die Aussagekraft hier allerdings gering (große Standardabweichung). Dennoch wäre eine mögliche Erklärung, dass die eingeholten Sachverständigengutachten nicht ausreichen, um die strittigen Fragen abschließend und unwiderlegbar zu klären.

Wegen der geringen Anzahl an Fällen mit abgeschlossenem Hauptprozess und zuvor durchgeführtem Beweissicherungsverfahren war eine Untersuchung eines möglichen Einflusses des selbstständigen Beweissicherungsverfahrens auf das Ausmaß des bei der Partei durch einen Prozess verursachten Schadens leider nicht möglich.

Damit konnte die Hypothese 6 nicht bestätigt werden. Ein positiver Einfluss des selbstständigen Beweissicherungsverfahrens auf das Erfordernis und die Dauer eines Hauptsacheverfahrens konnte nicht festgestellt werden.

Eine mögliche Erklärung ist, dass die eingeholten Sachverständigengutachten nicht ausreichen, um die strittigen Fragen abschließend und unwiderlegbar zu klären. Wie bereits ausgeführt, zeigt sich, dass häufig in einem folgenden Hauptprozess doch noch einmal Beweis erhoben werden muss, da das Gutachten nicht ausreichend war, nicht alle relevanten Fragen geklärt worden sind, neue Mängel entstanden sind oder sich bereits vorhandene weiterentwickelt haben oder die vorgeschlagene Mängelbeseitigung fehlgeschlagen ist. Aber auch im Vorfeld scheinen die Gutachten die Gegenseite nicht so zu überzeugen, dass sie sich auf eine außergerichtliche Einigung einlässt. Außerdem ist offensichtlich das Streitpotential in diesen Fällen besonders hoch. Auch dies lässt sich wieder mit der Komplexität baurechtlicher Sachverhalte erklären: Die Sachverhalte sind so komplex, dass selbst ein Sachverständiger sie nicht vollständig aufklären und wiedergeben kann. Zudem scheinen weder die Parteien, noch die Richter häufig mangels Sachkunde in der Lage zu sein, von vornherein die richtigen Beweisfragen zu stellen und im Nachhinein die Gutachten richtig nachvollziehen.

VIII. Hypothese 7: Verhältnis Konflikt/externes Projektmanagement

Mit Hypothese 7 wurde angenommen, dass die Einbindung eines externen Projektmanagements das Ob und den Verlauf von Konflikten zwischen den Baubeteiligten positiv beeinflusst.

Bei 26 aller Fälle gab es ein externes Projektmanagement, das entspricht 38 %.

Wie aus den untenstehenden Tabellen ersichtlich, konnte jedoch ein erkennbarer Einfluss durch den Einsatz eines externen Projektmanagements weder auf das Streitverhalten, noch auf den Eintritt eines Hauptprozesses, noch auf die außergerichtliche Einigungsquote nachgewiesen werden (vgl. Tabelle 4-29, Tabelle 4-30, Tabelle 4-31).

	Anzahl der Fälle mit ext. Projektmanagement	Anzahl der Fälle ohne ext. Projektmanagement
Streitigkeit	23	29
keine Streitigkeit	2	7
Wahrscheinlichkeit für Streit	92 %	81 %

Tabelle 4-29 externes Projektmanagement vs. Streitverhalten

	Anzahl der Fälle mit ext. Projektmanagement	Anzahl der Fälle ohne ext. Projektmanagement
Hauptprozess	14	21
kein Hauptprozess	12	15
Wahrscheinlichkeit für Hauptprozess	54 %	58 %

Tabelle 4-30 externes Projektmanagement vs. Eintritt eines Hauptprozesses

	Anzahl der Fälle mit ext. Projektmanagement	Anzahl der Fälle ohne ext. Projektmanagement
ag. Einigung	5	7
keine ag. Einigung	14	21
Wahrscheinlichkeit für ag. Einigung	26 %	25 %

Tabelle 4-31 externes Projektmanagement vs. außergerichtliche Einigung

In dieser Hinsicht konnte die Hypothese 7 nicht bestätigt werden.

Bei Betrachtung der schadensvermindernden Wirkung eines externen Projektmanagement ergab sich indes ein positiver Einfluss zumindest bei den Bauvorhaben mit großer Komplexität (vgl. nachfolgende Abbildung 4-22):

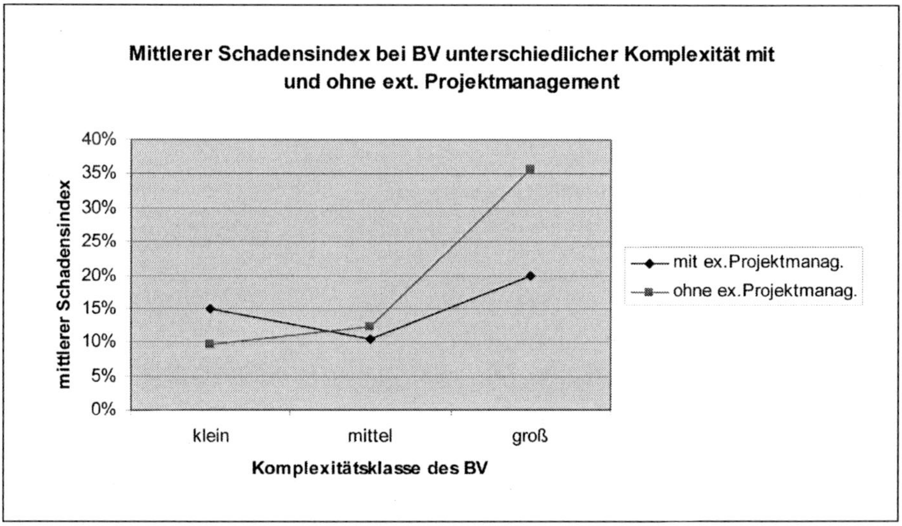

Abbildung 4-22 Schadensindex vs. Komplexität des Bauvorhabens mit und ohne externes Projektmanagement

Allerdings gab gerade es bei den Bauvorhaben mit großer Komplexität ohne externes Projektmanagement nur vier Fälle und zudem mit einem Wert von 33 % eine große Standardabweichung (vgl. nachfolgende Tabelle 4-32).

	BV mit externem Projektmanagement			BV ohne externes Projektmanagement		
Komplexitätsfaktor (Klassen)	mittlerer Schadensindex	Anzahl	Standardabw.	mittlerer Schadensindex	Anzahl	Standardabw.
klein	15 %	8	13 %	10 %	22	21 %
mittel	10 %	10	11 %	12 %	10	14 %
groß	20 %	7	13 %	36 %	4	33 %

Tabelle 4-32 Schadensindex vs. Komplexität und Projektmanagement (Standardabweichung)

Daher ist dieses Ergebnis nur bedingt verlässlich. Bei zusätzlicher Untersuchung des Einsatzes eines Sachverständigen ergab sich außerdem, dass bei sieben der großen Bauvorhaben mit Projektmanagement sechs Sachverständige eingesetzt haben, davon zwei sogar besonders intensiv. Demgegenüber hatten nur zwei der vier Bauvorhaben mit großer Komplexität ohne Projektmanagement einen Sachverständigen eingesetzt und dies jeweils auch nur mit geringer Intensität.

Vermutlich ist also der geringere Schaden auf den verstärkten Einsatz von Sachverständigen bei Bauvorhaben mit externem Projektmanagement zurückzuführen. Ob nun ein externes Projektmanagement eher Sachverständige hinzuzieht, wurde im Rahmen der Befragung nicht untersucht. Dies ist jedoch wahrscheinlich. Hypothese 7 konnte daher nicht repräsentativ bestätigt werden.

IX. Hypothese 8: baubegleitend erstellte Dokumentation – Bewertung Gericht

Die Hypothese 8 besagt, dass das Gericht die von den Parteien selbst erstellte baubegleitende Dokumentation im Hauptverfahren oft für nicht ausreichend erachtet.

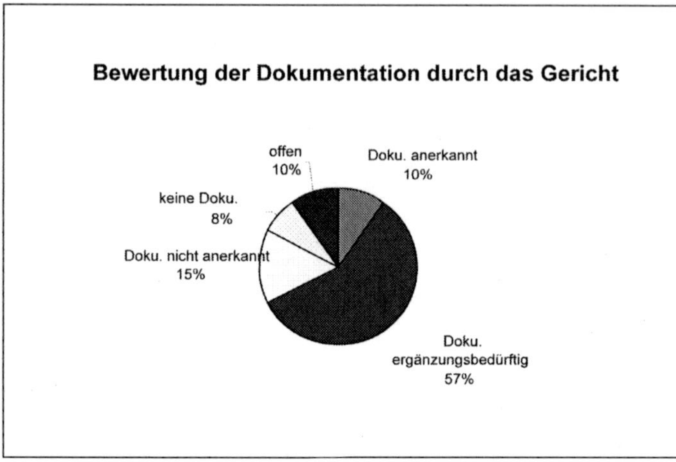

Abbildung 4-23 Bewertung der baubegleitend erstellten Dokumentation durch das Gericht

Die Abbildung 4-23 zeigt, wie das Gericht die von den Parteien im Prozess vorgelegte Dokumentation des Baugeschehens bewertet hat: Wie ersichtlich ist, hat das Gericht nur in 10 % der ausgewerteten Fälle mit einem Hauptprozess die Dokumentation als ausreichendes Beweismittel akzeptiert. Demgegenüber hat es in 57 % die Dokumentation zwar grundsätzlich als Beweismittel anerkannt, jedoch die Ergänzung durch andere Beweismittel wie die Einholung eines Sachverständigengutachtens oder die Vernehmung von Zeugen für erforderlich gehalten. Und in immerhin 15 % hat es die vorhandene Dokumentation nicht einmal als Beweismittel zugelassen. In 8 % gab es gar keine Dokumentation.

Die Hypothese 8 wurde also bestätigt. Die Parteien sind oft nicht in der Lage bzw. teilweise auch nicht willens das Baugeschehen gerichtsfest zu dokumentieren. Wie schon oben ausgeführt, liegt dies oft an zu knappen zeitlichen und finanziellen Ressourcen. Zudem ist das Personal vor Ort oft nicht ausreichend instruiert und ausgebildet, um eine vor Gericht genügenden Dokumentation zu erstellen. Ferner scheint bei den Parteien häufig die Erkenntnis der Bedeutung und Wichtigkeit dieser Aufgaben zu fehlen. Entweder sie sehen diese gar nicht richtig oder sie entscheiden sich bewusst, lieber die in jedem Falle entstehenden Kosten für eine vorbeugende Dokumentation zu vermeiden und dafür das Risiko nur eventuell entstehender Mehrkosten eines Prozesses einzugehen. Schließlich liegt eine Hauptursache aber sicherlich auch wieder in der Komplexität des Baugeschehens, die es so schwer macht, ausreichend gerichtsfest zu dokumentieren.

Kapitel 5. Zusammenfassung und Diskussion

Ziel der Arbeit war es, die Beweissicherung bei Bauverfahren näher zu untersuchen und dabei sowohl theoretische Erkenntnisse aus der Literatur zusammenzutragen, als auch die Wirksamkeit einzelner Beweissicherungsmaßnahmen in Abhängigkeit von verschiedenen Bauverfahrensparameter zu untersuchen. Die Motivation dazu war der Umstand, dass der Beweissicherung in Bauverfahren eine besondere Bedeutung zukommt. In der Regel zeichnen sich diese nämlich weniger durch komplizierte juristische Fragestellungen, sondern viel mehr durch eine sehr langwierige und schwierige Beweisermittlung aus. Das liegt bei Bausachen aufgrund der technischen Komplexität, der Vielzahl der beteiligten Parteien und der zeitlichen Veränderung der Bauergebnisse in der Natur der Sache. Das wird nicht zuletzt dadurch deutlich, dass standardmäßig in vielen Bauverfahren bereits vorbeugend Beweismittel angefertigt werden. Dazu gehören unter anderem die Erstellung von Bautagebüchern, Ist/Soll Vergleichen, Planlieferungslisten, Baubesprechungsprotokollen, Fotos oder Videoaufnahmen, die baubegleitende Einholung von Privat- und Schiedsgutachten und die Durchführung eines selbstständigen Beweissicherungsverfahrens. Daher wird auch in der einschlägigen Literatur der Beweissicherung eine entsprechende Bedeutung eingeräumt. Dabei wird schwerpunktmäßig die richtige Anwendung dieser Maßnahmen im Sinne der gerichtlichen Verwertbarkeit diskutiert. Eine empirische Untersuchung zu der Wirksamkeit der einzelnen, von den Parteien im Vorfeld eines Prozesses zur Beweissicherung ergriffenen Dokumentationsmaßnahmen gibt es dagegen bisher noch nicht. Die zu dem Thema existierenden empirischen Studien befassen sich allein mit dem vom Gericht im Verlauf des Prozesses zur Beweiserhebung eingesetzten Sachverständigen.

Ein wesentlicher Teil der vorliegenden Arbeit ist daher die Darstellung der Ergebnisse einer schriftlichen Befragung von 68 Baubeteiligten, die die Verfasserin vom 1. Mai 2004 bis zum 31. März 2005 durchgeführt hat. Bei der Befragung wurde im Wesentlichen untersucht, ob die Art und Intensität der baubegleitend erfolgten Beweissicherung den Verlauf von Streitigkeiten bzw. die Höhe des Schadens durch Streitigkeiten beeinflusst und ob eine Abhängigkeit der Wirksamkeit der Maßnahmen von der Größe und Komplexität des Bauvorhabens besteht. Selbstverständlich wurden daher sowohl Bauvorhaben mit als auch ohne anschließende Streitigkeiten untersucht, wobei letztere mit 15 % in der Minderheit waren. Trotz der eher geringen Zahl der untersuchten Bauvorhaben gab es unter ihnen eine sehr große Variabilität sowohl der Bauparameter (z. B. Bauvolumen zwischen 13 T€ und 250.000 T€, Dauer zwischen zwei Monaten und vier

Jahren) als auch bei der Höhe der Schäden durch etwaige Streitigkeiten, die bis zu 50 % des gesamt Bauvolumens ausmachten. Es zeigte sich außerdem, dass ungeachtet der Art und Größe bei so gut wie allen Bauvorhaben, wenn auch mit unterschiedlicher Intensität, baubegleitend dokumentiert wurde.

Nach der Befragung hat die Verfasserin die Daten aufbereitet, klassifiziert und anschließend elektronisch ausgewertet. Zur Vorstrukturierung der Untersuchung entwickelte sie Hypothesen über mögliche Zusammenhänge und Einflussgrößen. An diesen orientierte sie dann die Auswertung.

Nach Hypothese 1 sollte die baubegleitend von den Parteien erstellte Dokumentation positiven Einfluss auf das Entstehen und den Verlauf von Konflikten nehmen. Weitergehend wurde dazu mit Hypothese 2 vermutet, dass die Stärke des Einflusses bei den einzelnen Mitteln der Dokumentation differiert. Die erwartete Tendenz zeigt sich bei einem Großteil der untersuchten Indizien zumindest bei der Dokumentation durch einen Sachverständigen und teilweise bei der Durchführung von Zwischenabnahmen. Insbesondere bei einem Mehr an Dokumentation mittels eines Sachverständigen und auch durch Zwischenabnahmen sinkt die Wahrscheinlichkeit für einen Streit und die Einleitung eines Hauptsacheverfahrens. Bei der eigenen baubegleitenden Dokumentation ist demgegenüber der vermutete positive Einfluss auf das Entstehen und den Verlauf von Konflikten nicht ersichtlich. Eine Ausnahme stellt hier allein der Ist/Soll Vergleich dar, bei dessen Einsatz sich eine positive Auswirkung auf die Wahrscheinlichkeit für die Einleitung eines Hauptsacheverfahrens gezeigt hat.

Nach Hypothese 3 war ein positiver Einfluss der baubegleitenden Dokumentation auch auf das Entstehen und die Höhe des der Partei ggf. infolge von Streitigkeiten entstehenden Schadens zu vermuten. Nach Hypothese 4 sollte das Ausmaß dieses Einflusses bei den einzelnen Dokumentationsmitteln unterschiedlich stark sein. Hier zeigen sich erst bei der differenzierten Untersuchung messbare Ergebnisse: Allein der häufige und intensive Einsatz eines Sachverständigen führt zu einem geringerem Schaden. Außerdem zeichnet sich bei der Erstellung von Ist/Soll Vergleichen eine schwache positive Tendenz ab.

Entsprechend Hypothese 5 wurde erwartet, dass die Komplexität eines Bauvorhabens ebenfalls großen Einfluss auf das Auftreten und den Verlauf von Konflikten hat. Insbesondere sollte die Wahrscheinlichkeit für Konflikte unter den Beteiligten bei höherer Komplexität eines Bauvorhabens bei gleicher Dokumentation überproportional größer sein als bei einem weniger komplexen Bauvorhaben. Diese Tendenz bestätigt sich anhand des Großteils der die Komplexität beschreibenden Variablen und insbesondere des Komplexitätsfaktors selbst. Mit einem Ansteigen der Komplexität des Bauvorhabens kommt es häufiger zu Streitigkeiten, die Parteien einigen sich seltener außergerichtlich, leiten häufiger

Hauptsacheverfahren ein und der den Parteien infolge von Streitigkeiten entstehende Schaden steigt. Weiteres Ergebnis ist, dass die Parteien diesem Einfluss mittels einer häufigen und intensiven Dokumentation durch einen Sachverständigen entgegenwirken können.

Nach Hypothese 6 soll die vorprozessuale Beweissicherung durch ein selbstständiges Beweissicherungsverfahren positiven Einfluss auf Erfordernis und Dauer eines Hauptverfahrens und Ausmaß des bei der Partei verursachten Schadens haben. Diese Hypothese lässt sich nicht bestätigen. Zum einen erwies sich das vorliegende Zahlenmaterial als zu gering, zum anderen lässt sich daraus auch nur die gegenteilige Tendenz ablesen. Danach macht es keinen Unterschied für das Erfordernis und die Dauer eines Hauptsacheverfahrens, ob die Parteien vorher schon ein selbstständiges Beweissicherungsverfahren durchgeführt haben oder nicht.

Der nach Hypothese 7 vermutete positive Einfluss eines externen Projektmanagements kann nur für den durch Streitigkeiten entstandenen Schaden bei komplexen Bauvorhaben aufgezeigt werden. Da gerade bei diesen bevorzugt und intensiv Sachverständige eingesetzt wurden, ist die schadensmindernde Wirkung allerdings wohl vor allem darauf zurückzuführen.

Wie mit Hypothese 8 angenommen, hat das Gericht in einem Großteil der ausgewerteten Fälle mit einem Hauptsacheverfahren die Beweisführung mittels eigener baubegleitend erstellter Dokumentation für nicht ausreichend erachtet. In 15 % hat es diese gar nicht erst als Beweismittel anerkannt, in 57 % für zumindest ergänzungsbedürftig.

Es ergab sich also für 6 der Hypothesen mindestens eine leichte Bestätigung, während 2 Hypothesen durch die Befragung nicht bestätigt bzw. nicht beantwortet werden konnten.

Vielleicht nicht überraschend kann für keines der Beweismittel ein eindeutiger Wirksamkeitszusammenhang nachgewiesen werden. Gäbe es hier eindeutige Zusammenhänge, wären diese vermutlich im Laufe der Jahre schon auf empirische Weise gefunden geworden. Immerhin zeigt sich, dass sowohl der intensive Einsatz eines Sachverständigen als auch häufige Ist/Soll Vergleiche eine überdurchschnittliche schadensverhindernde Wirkung haben und dass allgemein eine intensivere Dokumentation die Wahrscheinlichkeit von Streitigkeiten reduziert. Die festgestellte positive Wirkung von Ist/Soll Vergleichen lässt sich dadurch erklären, dass mittels dieses Instruments eventuelle Abweichungen schon sehr frühzeitig erkannt und ihnen entgegengewirkt werden kann. Außerdem geben die damit aufgedeckten Probleme der Partei möglicherweise den Anstoß, diese für den Fall von späteren Streitigkeiten bereits hinreichend zu dokumentieren.

Die bei der Überprüfung der Hypothesen 1 und 2 aufgezeigten positiven Effekte der Durchführung von protokollierten Zwischenabnahmen lassen sich darauf zurückführen, dass solche Zwischenüberprüfungen bereits frühzeitig Probleme aufdecken, die die Parteien dann u. U. schon sogleich lösen. Auch kann auf diese Weise der Gefahr entgegengewirkt werden, dass bestimmte Dinge später – beispielsweise durch Überbauung – gar nicht mehr erkennbar sind oder dass sich aus frühzeitig aufgetretenen, ansonsten nicht erkannten Mängeln weitere, u. U. weit schwerwiegendere entwickeln. Damit sollte es deutlich weniger Konfliktpunkte geben.

Die starke positive Wirkung des Sachverständigeneinsatzes erklärt sich daraus, dass damit die Fakten bereits im Verlauf der Bauausführung durch einen außenstehenden, fachlich kompetenten Dritten festgehalten werden. Zum einen erkennt der Gutachter oft bereits bei seiner Begutachtung schon erste Mängel, so dass die Parteien sich sofort damit auseinandersetzen und diese beseitigen lassen können, bevor es zu weiteren, dadurch verursachen Folgemängeln und Schäden kommt, sich die Ursachen eventuell nur noch schwer nachvollziehen lassen können und daraus Streitigkeiten und damit verbunden wiederum weitere Schäden entstehen. Zum anderen akzeptieren die Parteien die Feststellungen eines Sachverständigen weitaus eher als die der jeweils anderen Partei und sind daher leichter und eher bereit, sich zu einigen. Vor Gericht gilt die Begutachtung zwar nur als Parteivortrag. Der Sachverständige wird jedoch in der Regel aufgrund seiner Erfahrungen und Sachkunde das Geschehen genauer, geeigneter und nachvollziehbarer als die Partei selber dokumentieren, so dass seine Feststellungen auch vor Gericht meistens eine höhere Bedeutung als die von der Partei selbst erstellte Dokumentation haben. Dies wurde beispielsweise in Großbritannien schon lange erkannt, so wird nach den britischen Bauvertragsmustern der contract administrator bzw. engineer als weitere am Baugeschehen beteilige Person eingesetzt. Dieser ist in der Regel ein Architekt oder ein für diesen Aufgabenbereich gesondert ausgebildeter „quantity surveyor", der die Fertigstellung bestimmter Teilabschnitte und des gesamten Bauvorhabens dokumentiert. Mittels dieser sogenannten „certificates" kann der Unternehmer dann seine Zahlungen gegenüber dem Auftraggeber geltend machen.[223]

Ein interessantes und zunächst nicht erwartetes Ergebnis ist der festgestellte Zusammenhang zwischen der Streitbereitschaft und der Dokumentation: Offensichtlich tendieren Parteien, die eine ausführliche Dokumentation erstellt haben,

223 Siehe dazu beispielsweise die detaillierte Darstellung bei Scherzer, Die Sicherung von Forderungen der am Bau Tätigen aus rechtsvergleichender Sicht, S. 176 ff, S. 201.

dazu, sich eher auf Streitigkeiten einzulassen. Vermutlich fühlen sie sich gerade wegen der Dokumentation sicherer, eine gerichtliche Auseinandersetzung zu gewinnen und sind daher weniger kompromissbereit.

Unerwartet ist auch, dass kein, nicht einmal ein schwacher positiver Einfluss des selbstständigen Beweissicherungsverfahrens auf das Erfordernis und die Dauer eines Hauptsacheverfahrens und das Ausmaß des bei der Partei dadurch verursachten Schadens festgestellt werden konnte. Offensichtlich scheinen die in den selbstständigen Beweissicherungsverfahren eingeholten Gutachten nicht umfassend und genau genug zu sein. So können sie anscheinend weder die gegnerische Partei zu einer außergerichtlichen Einigung bringen, noch das Gericht in einem darauf folgenden Prozess vollständig überzeugen. Dies lässt sich dadurch erklären, dass die baurechtlichen Sachverhalte oft so komplex sind, dass selbst ein Sachverständiger sie nicht vollständig aufklären und beschreiben kann. Ebenso scheinen dadurch weder die Parteien, noch die Richter mangels Sachkunde in der Lage zu sein, von vornherein die richtigen Beweisfragen zu stellen und im Nachhinein die Gutachten richtig nachvollziehen. Des Weiteren führt die hohe Komplexität zu einem besonders hohen Konfliktpotential.

Die Tatsache, dass sich bei der selbst erstellten Dokumentation die vermuteten Effekte größtenteils nicht aufzeigen lassen, lässt sich zum einen darauf zurückführen, dass diese Art der Dokumentation das am wenigstens für die Gegenseite nachprüfbare und am wenigstens gerichtsfeste Beweismittel ist. Damit hat es deutlich weniger Überzeugungskraft als beispielsweise ein Sachverständigengutachten. Auch besteht hier am ehesten die Gefahr, dass die Dokumentation lückenhaft oder zu einseitig ist. Zum anderen ist es aber auch das am schwersten in solch einer empirischen Untersuchung messbare Dokumentationsmittel. Es gibt dazu eine Vielzahl von einzelnen, möglichen Maßnahmen, die noch dazu alle sehr verschieden in ihrer Qualität sein können. So kann ein Bautagebuch beispielsweise nur ein Minimum an Feststellungen beinhalten oder aber äußerst penibel sämtliche relevanten Informationen aufführen und noch dazu die diese bestätigende Unterschrift der Gegenseite enthalten.

Es stellt sich an dieser Stelle die Frage, ob die teilweise schwach ausgeprägten Ergebnisse der Befragung auf unzureichende statistische Relevanz zurückzuführen sind oder ob sie die Realität wiedergeben. Offensichtlich ist die Zahl der untersuchten Bauvorhaben sehr gering gegenüber der Gesamtzahl aller Bauvorhaben. Durch die Art der Akquisition der Befragten wurden jedoch sehr unterschiedliche Bauvorhaben mit unterschiedlichen Dokumentationsverhalten untersucht, wie zum Beispiel anhand der starken Variabilität der Bauparameter erkennbar ist. Ein systematischer Fehler deswegen kann daher wohl ausgeschlossen werden. Aufgrund der geringen Zahl von untersuchten Fällen können jedoch bestimmte Zusammenhänge nicht untersucht werden, zum Beispiel die Wirksamkeit der Kombination von verschiedenen Beweismitteln. Ein grundsätzliches Problem der Befragung ist außerdem, dass nur die Art und Häufigkeit der Dokumentationsmittel erfragt, die Qualität der Erstellung der Dokumentation dabei aber nicht untersucht werden konnte. Diese spielt jedoch insbesondere bei der selbst erstellten Dokumentation eine entscheidende Rolle. Eine dahin gehende Differenzierung wäre allerdings auch im Rahmen einer erheblich umfangreicheren Befragung praktisch nicht durchführbar gewesen.

Wie schon oben ausgeführt, gibt es kein „Patentrezept“ für die Baudokumentation. Aus der Sicht der Praxis ist jedoch von Bedeutung, dass die Wahrscheinlichkeit von Streitigkeiten – vor Gericht oder außergerichtlich – sehr hoch ist und dieser Umstand somit bereits in die Planung und Verhandlungen einfließen sollte. Als Ergebnis dieser Arbeit empfehlen sich Kontrollen und Abnahmen in einem möglichst engen Rhythmus, möglichst durchgeführt von Sachverständigen. Wenn möglich, sollten diese Maßnahmen bei Kosten- und Zeitschätzungen von vornherein eingeplant werden. Auch wenn der positive Nutzen der anderen Dokumentationsmittel in dieser Arbeit nicht belegt werden konnte, so ist deren Einsatz vermutlich auf jeden Fall sinnvoll, wenn sie in guter Qualität genutzt werden.

Darüber hinaus können mittels der Ergebnisse der vorliegenden Untersuchung zwar keine weiteren, empirisch genau belegten Aussagen hinsichtlich der aufgeworfenen Fragen gegeben werden. Damit sind auch die Schlussfolgerungen insoweit nur vorläufig und müssten mittels detaillierter Analysen fundiert werden. Dennoch ergeben die Antworten ein recht einheitliches Bild und es erscheint daher sehr lohnenswert, diesen Fragen in einer größer angelegten empirischen Studie weiter nachzugehen.

Mögliche Ansätze für weiterführende empirische Untersuchungen sind:

- Eine Untersuchung mit einer erheblich größeren Anzahl von Bauvorhaben, durch die eine größere statistische Sicherheit und eine Bestätigung oder Korrektur der hier gefundenen Thesen gewonnen werden könnte. Ziel sollte hier die Ermittlung von Risikofaktoren mit quantifizierbaren Wahrscheinlichkeiten sein, d. h. es sollte erforscht werden, welche Parameter die Wahrscheinlichkeit für einen Schaden infolge eines Bauprozesses in welchem Maße erhöhen. Daraus könnte dann im Sinne eines Risikomanagements der notwendige Aufwand für bestimmte Dokumentationsmaßnahmen und andere schadensvermeidende Tätigkeiten in Abhängigkeit von Risikofaktoren empfohlen werden.[224] So interessiert beispielsweise, ob und ab welchem Bauvolumen es sich aus der Sicht der Schadensvermeidung lohnt, jede Woche einen Sachverständigen zur Begutachtung der Baumaßnahmen zu beauftragen.

- Eine Untersuchung von besonders erfolgreichen Einzelfällen, das heißt von komplexen Bauverfahren, bei denen keine Streitigkeiten auftraten. Ziel wäre hier, erfolgreiche schadensvermeidende Strategien ganzheitlich zu untersuchen bzw. die – zufälligen oder herbeigeführten – Faktoren zu identifizieren, die Streitigkeiten verhinderten.

Die vorliegende Arbeit gibt hierzu erste richtungsweisende Ergebnisse.

224 In eine ähnliche Richtung geht bereits Kapellmann-Kapellmann, Juristisches Projektmanagement, Rn. 10, der nach den bei der Anwendung gesammelten Erfahrungswerten davon ausgeht, dass sich das von seiner Kanzlei angebotene sogenannte „Juristische Projektmanagement" regelmäßig erst ab einer Projektgrößenordnung ab 20 Mio. empfiehlt.

Literaturverzeichnis

Bayerlein, Walter Der Sachverständige im Bauprozess, BauR 1989, S. 39 ff.

Baumgärtel, Gottfried/Hohmann, Gerhard (Hrsg.) Rechtstatsachen zur Dauer des Zivilprozesses (zweite Instanz) – Modell einer Gesetzesvorbereitung mittels elektronischer Datenverarbeitungsanlagen, Köln, Berlin, Bonn, München 1972 (zit.: Baumgärtel/Hohmann, Rechtstatsachen zur Dauer des Zivilprozesses (zweite Instanz), S.).

Baumgärtel, Gottfried/Mes, Peter (Hrsg.) Rechtstatsachen zur Dauer des Zivilprozesses (erste Instanz) – Modell einer Gesetzesvorbereitung mittels elektronischer Datenverarbeitungsanlagen, 2. Auflage Köln, Berlin, Bonn, München 1972 (zit.: Baumgärtel/Mes, Rechtstatsachen zur Dauer des Zivilprozesses (erste Instanz), S.).

Beisel, Wilhelm Rechtsprobleme bei Streitigkeiten wegen Bauschäden, 2. Auflage Ehningen bei Böblingen 1993 (zit.: Beisel, Rechtsprobleme bei Streitigkeiten wegen Bauschäden, S.).

Bender, Rolf Bauprozesse in der Praxis. Praktische Hinweise auf die zweckmäßigste Prozessführung in Bauprozessen, die eine konzentrierte Verhandlungsführung und eine rasche Entscheidung ermöglichen, DRiZ 1969, S 105 ff.

Benninghaus, Hans Einführung in die sozialwissenschaftliche Datenanalyse: Buch mit CD-ROM, 7. Auflage München, Wien 2005 (zit.: Benninghaus, Einführung in die sozialwissenschaftliche Datenanalyse, S.).

Breunung, Leonie Zur Prozesswirklichkeit des Sachverständigenbeweises im Zivilprozess: Eine empirische Untersuchung, Dissertation, Universität Amsterdam, Hannover 1982 (zit.: Breunung, Zur Prozesswirklichkeit des Sachverständigenbeweises im Zivilprozess, S.).

Creifelds, Carl Rechtswörterbuch, 19. Auflage München 2007 (zit.: Creifelds, Rechtswörterbuch, S.).

von Cube, Alexandra Hilfestellung für Anwendersoftware, Pivottabellen in Excel, Bearbeitungsstand: 15.4.2003, URL: http://www.hrz.uni-dortmund.de/S3/alexandra/helpdesk/Excel/ExcelPivottabellen/Pivot-Tabellen.htm (abgerufen am 10.12.2007).

Diederichs, Claus Jürgen Der Bauprozess und der Bausachverständige aus der empirischen Sicht der Gerichte und der Industrie- und Handelskammern, NZBau 2004, S 490 ff.

Diekmann, Andreas Empirische Sozialforschung: Grundlagen, Methoden, Anwendungen, 20. Auflage Reinbek bei Hamburg 2008 (zitiert: Diekmann, Empirische Sozialforschung, S.).

Dörner, Dietrich Die Logik des Misslingens: strategisches Denken in komplexen Situationen, 6. Auflage Hamburg 2007 (zit.: Dörner, Die Logik des Misslingens, S.).

Dörner, Dietrich/Kreuzig, Heinz W./Reither, Franz/Stäudel, Thea (Hrsg.) Lohhausen: vom Umgang mit Unbestimmtheit und Komplexität, Unveränd. Nachdr. der Ausg. von 1983, Bern, Göttingen, Toronto, Seattle 1994 (zit.: Dörner/Kreuzig/Reither/Stäudel, Lohhausen: vom Umgang mit Unbestimmtheit und Komplexität, S.).

Dorn, Carsten Systematisierte Aufbereitung von Dokumentationstechniken zur Steuerung von Bauabläufen und zum Nachweis von Bauablaufstörungen, Dissertation, Technische Hochschule Darmstadt, Düsseldorf 1997 (zit.: Dorn, Systematisierte Aufbereitung von Dokumentationstechniken zur Steuerung von Bauabläufen und zum Nachweis von Bauablaufstörungen, S.).

Eberl, Walter/Friedrich, Fabian Alternative Streitbeilegung im zivilen Baurecht, BauR 2002, S. 250 ff.

Englert, Klaus Referat im Arbeitskreis III des 1. Baugerichtstags, BauR 2006, S. 1586 ff.

Erman, Walter Bürgerliches Gesetzbuch, Handkommentar, hrsg. von Harm Peter Westermann, Band 1, 12. Auflage Köln 2008 (zitiert: Erman-Bearbeiter, BGB, § Rn.).

Förschler, Peter Der Zivilprozess: ein Lehrbuch für die Praxis mit Aktenfall, 6. Auflage Stuttgart 2004 (zit.: Förschler, Der Zivilprozess, Rn.).

Franzki, Harald Über den Umgang mit Sachverständigen, DRiZ 1974, S. 305 ff. und DRiZ 1991, S. 314 ff.

Ganten, Hans/Jagenburg, Walter/Motzke, Gerd Beck' scher VOB-Kommentar, Verdingungsordnung für Bauleistungen Teil B: Allgemeine Vertragsbedingungen für die Ausführung von Bauleistungen, 2. Auflage München 2008 (zit.: Beck' scher VOB-Kommentar-Bearbeiter, § Rn.).

Goebel, Frank-Michael Zivilprozessrecht, 2. Auflage Bonn 2006 (zit.: Goebel, Zivilprozessrecht, § Rn.).

Grunsky, Wolfgang Taktik im Zivilprozess, 2. Auflage Köln 1996 (zit.: Grunsky, Taktik im Zivilprozess, Rn.).

Haft, Fritjof/Gräfin von Schlieffen, Katharina Handbuch Mediation: Verhandlungstechnik, Strategien, Einsatzgebiete, München 2002 (zit.: Haft/Schlieffen-Bearbeiter, Handbuch Mediation, § Rn.).

Hartmann, Peter Zivilprozessordnung: mit Gerichtsverfassungsgesetz und anderen Nebengesetzen, 67. Auflage München 2008 (zit.: Baumbach/Lauterbach/Albers/Hartmann-Bearbeiter, ZPO, § Rn.).

Heiermann, Wolfgang/Franke, Horst/Knipp, Bernd Baubegleitende Rechtsberatung, München 2002 (zit.: Heiermann/Franke/Knipp-Bearbeiter, Baubegleitende Rechtsberatung, S.).

Heiermann, Wolfgang/Riedl, Richard/Rusam, Martin Handkommentar zur VOB Teile A und B, 11. Auflage Wiesbaden, Berlin 2008 (Heiermann/Riedl/Rusam-Bearbeiter, VOB, § Rn.).

Hohmeister, Frank Zustellung von Willenserklärungen durch Einschreibesendungen oder Gerichtsvollzieher?, JA 1999, S. 260 ff.

Ingenstau, Heinz/Korbion, Hermann VOB, Teile A und B, Kommentar, 16. Auflage Düsseldorf 2007 (zit.: Ingenstau/Korbion-Bearbeiter, VOB, § Rn.).

Jacob, Dieter/Ring, Gerhard/Wolf, Rainer (Hrsg.) Freiberger Handbuch zum Baurecht, 3. Auflage Bonn 2008 und Vorauflage, 1. Auflage Bonn 2001 (zit.: Jacob/Ring/Wolf, Freiberger Handbuch zum Baurecht, Aufl., Rn.).

Jagenburg, Walter Fertigstellungsbescheinigung durch den TÜV?, BauR 2001, S. 1816.

Jagodzinski, Wolfgang/Raiser, Thomas/Riehl, Jürgen Rechtsschutzversicherung und Rechtsverfolgung : Beiträge zur Strukturanalyse der Rechtspflege, Köln 1994 (zitiert: Jagodzinski/Raiser/Riehl, Rechtsschutzversicherung und Rechtsverfolgung, S.).

Johnson, E. J. Expertise and Decision under Uncertainty: Performance and Process in: Chi, Michelene T.H./Glaser, Robert/Farr, M.J. (Hrsg): The Nature of Expertise, Hillsdale 1988 (zit.: Johnson, Expertise and Decision under Uncertainty, S.).

Kapellmann, Klaus D. (Hrsg.) Juristisches Projektmanagement, 2. Auflage Köln 2007 (zit.: Kapellmann-Bearbeiter, Juristisches Projektmanagement, Rn.).

Kapellmann, Klaus D.; Messerschmidt, Burkhard VOB Teile A und B Vergabe- und Vertragsordnung für Bauleistungen, Beck`sche Kurz-Kommentare Band 58, 2. Auflage München 2007 (zit.: Kapellmann/Messerschmidt-Bearbeiter, VOB, § Rn.).

Kapellmann, Klaus D./Schiffers, K.-H. Die Ermittlung der Ersatzansprüche des Auftragnehmers aus vom Bauherrn zu vertretender Behinderung (§ 6 Nr. 6 VOB/B) – Juristische und baubetriebliche Überlegungen zum Schaden, zur Schadensschätzung und zur Baudokumentation in Anknüpfung an das Urteil des Bundesgerichtshofs vom 20.12.1985, VII ZR 286/84=BauR 1986, 347 – , BauR 1986, S. 615 ff.

Kapellmann, Klaus D./Schiffers, K.-H. Vergütung, Nachträge und Behinderungsfolgen beim Bauvertrag, Band 1 Einheitsvertrag, 5. Auflage Düsseldorf 2006 (zit.: Kapellmann/Schiffers, Vergütung, Nachträge und Behinderungsfolgen beim Bauvertrag, Rn.).

Keldungs, Karl- Heinz/Tilly, Wolfgang Beweissicherung in Bausachen, Wiesbaden 2005 (zit.: Keldungs/Tilly, Beweissicherung in Bausachen, S.).

Kirmes, Raoul Der Einsatz von Signaturen und Zeitstempeln bei der Dokumentation und Beweissicherung von Bauprojekten, in: Balfanz, Judith/Wendenburg, Jan C.E (Hrsg.), Digitale Signaturen in der Praxis – Leitfaden zur Prozessoptimierung und Kostenreduktion in Unternehmen und Behörden, Eschborn 2003, S. 285 (zit.: Kirmes, Der Einsatz von Signaturen, S.).

Kleine-Möller, Nils/Merl, Heinrich/Oelmaier, Winfried Handbuch des privaten Baurechts, 3. Auflage München 2004 und Vorauflage, 2. Auflage München 1997 (zit.: Kleine-Möller/Merl/Oelmaier-Bearbeiter, Aufl., § Rn.).

Kniffka, Rolf Anspruch und Wirklichkeit des Bauprozesses, NZBau 2000, S. 2 ff.

Kniffka, Rolf/Koeble, Wolfgang Kompendium des Baurechts: Privates Baurecht und Bauprozess, 3. Auflage München 2008 (zit.: Kniffka/Koeble, Kompendium des Baurechts, Teil Rn.).

Korbion, Claus-Jürgen Baurecht, Köln 2005 (zit.: Korbion, Baurecht, Teil Rn.).

Karwatt, H. Der Beweisbeschluß in Bauprozessen aus der Sicht des Sachverständigen, DRiZ 1972, S. 203 ff.

Kruchen, Günter Der gerichtliche Sachverständige als Organ der Zivilrechtspflege, Dissertation, Johann Wolfgang Goethe-Universität Frankfurt/Main, Frankfurt/Main 1973 (zit.: Kruchen, Der gerichtliche Sachverständige als Organ der Zivilrechtspflege, S.).

Kuffer, Johann/Wirth, Axel Handbuch des Fachanwalts Bau- und Architektenrecht, Neuwied, 2. Auflage 2008 (zit.: Kuffer/Wirth-Bearbeiter, Handbuch Fachanwalt, Teil Rn.).

Lazarsfeld, Paul F. Some Remarks on the Typological Procedures in Social Research, Zeitschrift für Sozialforschung 1937, S. 119 ff.

Leitzke, Walther/Ringe, Karl-Steffen Das baurechtliche Mandat, Band 1: Privates Baurecht, 4. Auflage Bonn 2005 (zit.: Leitzke/Ringe, Das baurechtliche Mandat, Band 1, Teil Rn.).

Marburger, Peter Wissenschaftlich-technischer Sachverstand und richterliche Entscheidung im Zivilprozess, Heidelberg 1986 (zit: Marburger, Wissenschaftlich-technischer Sachverstand und richterliche Entscheidung im Zivilprozess, S.).

Matthäus, Wolf-Gert/Schulze, Jörg Statistik mit Excel: Beschreibende Statistik für jedermann, 3. Auflage Wiesbaden 2008 (zit.: Matthäus/Schulze, Statistik mit Excel, S.).

Microsoft Press Computer-Fachlexikon mit Fachwörterbuch (deutsch-englisch/englisch-deutsch), URL: http://www.hirzel.org/book/ (abgerufen am 10.12.2007).

Monka, Michael/Voß, Werner Statistik am PC: Lösungen mit Excel 97, 2000, 2002 und 2003, 4. Auflage München, Wien 2005 (zit.: Monka/Voß-Bearbeiter, Statistik am PC, S.).

Musielak, Hans-Joachim Kommentar zur Zivilprozessordnung: mit Gerichtsverfassungsgesetz, 6. Auflage München 2008 (zit.: Musielak-Bearbeiter, ZPO, § Rn.).

Nicklisch, Fritz/Weick, Günter Verdingungsordnung für Bauleistungen, VOB Teil B, 3. Auflage München 2001 (zit.: Nicklisch/Weick-Bearbeiter, VOB/B, § Rn.).

Palandt, Otto (Hrsg.) BGB-Handkommentar, 67. Auflage München 2008 (zit.: Palandt-Bearbeiter, BGB, § Rn.).

Philipps, Georg/Wieck, Jürgen/Stollhoff, Frank Die vorsorgliche Beweissicherung im Bauwesen: mit 10 Tabellen, Stuttgart 2004 (zit.: Philipps/Wieck/Stollhof, Die vorsorgliche Beweissicherung im Bauwesen, S.).

Pieper, Helmut Richter und Sachverständiger im Zivilprozessrecht, ZZP 84 (1971), S. 1.

Pieper, Helmut/Breunung, Leonie/Stahlmann, Günther Sachverständige im Zivilprozess. Theorie, Dogmatik und Realität des Sachverständigenbeweises, München 1986 (zit.: Pieper/Breunung/Stahlmann, Sachverständige im Zivilprozess, S.).

Plum, Heinz Sachgerechter und prozessorientierter Nachweis von Behinderungen und Behinderungsfolgen beim VOB-Vertrag, Dissertation, Rheinisch-Westfälische Technische Hochschule Aachen, Düsseldorf 1997 (zit.: Plum, Sachgerechter und prozessorientierter Nachweis von Behinderungen und Behinderungsfolgen beim VOB-Vertrag, S.).

Prechtel, Günter/Oberheim, Rainer Erfolgreiche Taktik im Zivilprozess: Nach der ZPO-Reform, 3. Auflage München 2005 (zit.: Prechtel, Erfolgreiche Taktik im Zivilprozess, S.).

Probst, Raimund Bausachverständige heute (Analyse einer Situation), DRiZ 1975, S. 359 ff.

Roquette, Andreas J./Otto, Andreas Vertragsbuch Privates Baurecht: kommentierte Vertragsmuster, München 2005 (zit.: Roquette/Otto-Bearbeiter, Vertragsbuch Privates Baurecht, Teil Rn.).

Roßnagel, Alexander Elektronische Signaturen mit der Bankkarte? Das Erste Gesetz zur Änderung des Signaturgesetzes, NJW 2001, S. 1826 ff.

Rudolph, Kurt Möglichkeiten und Grenzen einer sachkundigen Besetzung der Richterbank, JZ 1975, S. 316 ff.

Schellhammer, Kurt Zivilprozess: Gesetz – Praxis – Fälle, 12. Auflage Heidelberg 2007 (zit.: Schellhammer, Zivilprozess, Rn.).

Scherzer, Robert Die Sicherung von Forderungen der am Bau Tätigen aus rechtsvergleichender Sicht – unter besonderer Berücksichtigung des Forderungssicherungsgesetzes –, Dissertation, Humboldt-Universität Berlin, Berlin 2008 (zit.: Scherzer, Die Sicherung von Forderungen der am Bau Tätigen aus rechtsvergleichender Sicht, S.).

Scheuch, Erwin K./Daheim, Hansjürgen Sozialprestige und Soziale Schichtung, Kölner Zeitschrift für Soziologie und Sozialpsychologie, Sonderheft 5, 4. Auflage 1970, S. 65 ff.

Schmalzl, Max Zur Feststellungspflicht nach § 3 Ziff. 4 VOB/B, BauR 1970, S. 203 ff.

Schneider, Egon Beweis und Beweiswürdigung, 5. Auflage München 1994 (zit.: Schneider, Beweis und Beweiswürdigung, Rn.).

Schnell, Rainer/Hill, Paul B./Esser, Elke Methoden der empirischen Sozialforschung, 8. Auflage München Wien 2008 (zit.: Schnell/Hill/Esser, Methoden der empirischen Sozialforschung, S.).

Schmalzl, Max Zur Feststellungspflicht nach § 3 Ziff.4 VOB/B, BauR 1970, S. 203 ff.

Schröder, Rainer Die statistische Realität des Bauprozesses, NZBau 2008, S.1 ff.

Schubert, Eberhard Feststellen und Dokumentieren von Bauzeitverzögerungen aus Behinderungen und Leistungsänderungen, in: Heiermann, Wolfgang/ Vygen, Klaus/Steinmeyer, Siegfried/Schubert, Eberhard/Rickhey, Rolf/ Bauer, Hermann, Seminar Bauverzögerung. Rechtliche und baubetriebliche Probleme in Einzelbeiträgen, Wiesbaden Berlin 1987 (zit.: Schubert, Feststellen und Dokumentieren von Bauzeitverzögerungen, S.).

Siegburg, Peter Handbuch der Gewährleistung beim Bauvertrag, 4. Auflage Köln 2000 (zit.: Siegburg, Handbuch der Gewährleistung beim Bauvertrag, Rn.).

Staudinger, J. von Staudingers Kommentar zum Bürgerlichen Gesetzbuch mit Einführungsgesetz und Nebengesetzen, Buch 1: Allgemeiner Teil, §§ 90–133; §§ 1–54, 63 Beurkundungsgesetz, 13. Auflage Berlin 2004 (zit.: Staudinger-Bearbeiter, Kommentar zum BGB, Buch 1, Allgemeiner Teil, § Rn.).

Thomas, Heinz/Putzo, Hans Zivilprozessordnung: mit Gerichtsverfassungsgesetz, den Einführungsgesetzen und europarechtlichen Vorschriften: Kommentar, 29. Auflage München 2008 (zit.: Thomas/Putzo-Bearbeiter, ZPO, § Rn.).

Tilch, Horst/Arloth, Frank Deutsches Rechtslexikon, Band 1, A–F, 3. Auflage München 2001 (zit.: Tilch-Arloth, Deutsches Rechtslexikon, Band 1 A–F, S.).

Voß, Werner Taschenbuch der Statistik: mit 165 Bildern und 126 Tabellen, 2. Auflage München, Wien 2004 (zit.: Voß, Taschenbuch Statistik, S.).

Voth, Berthold 30 Jahre Gerichtsgutachter – ein Erfahrungsbericht, BauR 1988, S. 666 ff.

Vygen, Klaus/Schubert, Eberhard/Lang, Andreas Bauverzögerung und Leistungsänderung: Rechtliche und baubetriebliche Probleme und ihre Lösungen, 5. Auflage Köln 2008 (zit.: Vygen/Schubert/Lang, Bauverzögerung und Leistungsänderung, Teil Rn.).

Wagner, Volkmar Schiedsgerichtsbarkeit, Schiedsgutachten, Schlichtung, Dispute Adjudication, Mediation – Möglichkeiten der alternativen Konfliktlösung im Baurecht, NzBau 2001, S. 169 ff.

Weise, Stefan Selbständiges Beweisverfahren im Baurecht: Voraussetzungen, Durchführung, Rechtsschutz, 2. Auflage München 2002 (zit.: Weise, Selbstständiges Beweisverfahren im Baurecht, Rn.).

Werner, Ulrich/Pastor, Walter Der Bauprozess – Prozessuale und materielle Probleme des zivilen Bauprozesses, 12. Auflage Köln 2008 (zit.: Werner/Pastor, Der Bauprozess, Rn.).

Wussow, Hansjoachim Das gerichtliche Beweissicherungsverfahren in Bausachen, 2. Auflage Köln-Braunsfeld 1981 (zit: Wussow, Das gerichtliche Beweissicherungsverfahren in Bausachen, S.).

Zimmermann, Walter Zivilprozessordnung mit Gerichtsverfassungsgesetz und Nebengesetzen: Kommentar anhand der höchstrichterlichen Rechtsprechung, 8. Auflage Münster 2008 (zit.: Zimmermann, ZPO, § Rn.).

Zöller, Richard Zivilprozessordnung, 26. Auflage Köln 2008 (zit.: Zöller-Bearbeiter, ZPO, § Rn.).

Abbildungsverzeichnis

Anhang I – Exemplar des Fragebogens

Rechtsanwältin Susanne Fairlie
Doktorandin am Lehrstuhl für Bürgerliches Recht,
Privates Bau- und Immobilienrecht
sowie Neuere und Neueste Rechtsgeschichte
Prof. Dr. Rainer Schröder
Humboldt-Universität Berlin

Doberaner Straße 5
14199 Berlin
Faxnr.: 018055512263848
susanne_fairlie@web.de

Fragebogen

Sehr geehrte Teilnehmer,
im Rahmen meiner juristischen Doktorarbeit untersuche ich die Problematik der Beweisermittlung in Bauprozessen. Durch Teilnahme an dieser Fragebogenaktion helfen Sie mir, die vermutete Bedeutung der Beweissicherung bei Baukonflikten und die möglichen Einflussfaktoren genauer abzuklären und mit Zahlen zu belegen.
Bitte beziehen Sie die Beantwortung der folgenden Fragen auf eines Ihrer bzw. eines der von Ihnen betreuten, bereits abgeschlossenen Bauvorhaben (bzw. Bauprozess). Bitte schätzen Sie Angaben, die Sie nicht exakt wissen.
Vielen Dank für ihre Hilfe!

1. Welches war Ihre Rolle bei dem Bauvorhaben?
☐ Bauherr ☐ Architekt ☐ Bauunternehmer ☐ Sonderfachmann ☐ Rechtsanwalt
☐ baubegleitender Sachverständiger ☐ Gerichtsgutachter ☐ Sonstige____________

2. Bauvolumen
Gesamtherstellkosten (wenn bekannt) ____________ T€
Ihr Auftragsvolumen ____________ T€
☐ keine Angabe

3. Beteiligte
In welcher Unternehmensform wurde der Bau durchgeführt?
☐ Alleinunternehmer ☐ Generalunternehmer ☐ Bauträger ☐ ARGE
☐ Einzelvergabe nach Gewerken ☐ Sonstige ______________________________
Wie viele verschiedene Unternehmen waren an dem Bau beteiligt?____________ (Anzahl)
Gab es ein externes Projektmanagement? ☐ Ja ☐ Nein

4. Gewerke
Wie viele Gewerke gab es ?_________(Anzahl)

5. Dauer
Wie lange dauerte die Durchführung vom Baubeginn bis zur Schlussabnahme? _____Monate

6. Durchführung der Dokumentation des Bauvorhabens

a) Wurde außerhalb der Abnahmen das Bauvorhaben dokumentiert? ☐ Ja ☐ Nein

Wenn ja,

In welcher Form?	☐ Mittels Bautagesberichten/Protokollen ☐ Mittels Vergleich von Ist-/Sollzustand Leistungsstände in %) ☐ Mittels Fotos ☐ Sonstige (bitte angeben): ______________
In welchen Zeitabständen?	☐ täglich ☐ wöchentlich ☐ monatlich ☐ anderer Turnus ______________ ☐ nur bei besonderem Anlass ☐ nie
Von wem?	☐ Bauherr ☐ Architekt ☐ Bauunternehmer ☐ Sonderfachmann ☐ Sonstige (bitte angeben): ______________
Für welche Bereiche?	☐ Abrechnung ☐ Termine/Verzug ☐ Qualität/Mängel ☐ Höhere Gewalt ☐ Sonstige (bitte angeben): ______________

b) Wurden protokollierte Zwischenabnahmen durchgeführt? ☐ Ja ☐ Nein

Wenn ja,

In welchen Zeitabständen?	☐ täglich ☐ wöchentlich ☐ monatlich ☐ anderer Turnus ______________ ☐ nur bei besonderem Anlass ☐ nie
Von wem?	☐ Bauherr ☐ Architekt ☐ Bauunternehmer ☐ Sonderfachmann ☐ Sonstige (bitte angeben): ______________

Für welche Bereiche?	☐ Abrechnung ☐ Termine/Verzug ☐ Qualität/Mängel ☐ Höhere Gewalt ☐ Sonstige (bitte angeben): ____________

c) Wurde das Bauvorhaben durch Sachverständigen / TÜV begleitend begutachtet?
☐ Ja ☐ Nein
Wenn ja,

In welchen Zeitabständen?	☐ täglich ☐ wöchentlich ☐ monatlich ☐ anderer Turnus ____________ ☐ nur bei besonderem Anlass ☐ nie
Von wem?	☐ Bauherr ☐ Architekt ☐ Bauunternehmer ☐ Sonderfachmann ☐ Sonstige (bitte angeben): ____________
Für welche Bereiche?	☐ Abrechnung ☐ Termine/Verzug ☐ Qualität/Mängel ☐ Höhere Gewalt ☐ Sonstige (bitte angeben): ____________

d) Gab es eine förmliche Abnahme (Schlussabnahme)? ☐ Ja ☐ Nein
Wenn eine baubegleitende Dokumentation durchgeführt wurde:

Wie groß war der Aufwand für die Dokumentation?	__________ T € oder______ % Anteil am Gesamtvolumen der Bauprojekts oder______ % Anteil am Auftragsvolumen ☐ mir nicht bekannt
Benutzen Sie eine Software zur Unterstützung der Dokumentation und Bildverwaltung?	☐ Ja ☐ Nein

Wenn keine Dokumentation durchgeführt wurde:

Weshalb nicht?	☐ Zu teuer ☐ für nutzlos gehalten ☐ nicht erwogen ☐ andere Gründe ___________ ☐ Nicht bekannt

7. Nutzen einer baubegleitenden Dokumentation

a) Wie schätzen Sie allgemein den Effekt einer vollständigen Dokumentation ein?

	niedrig				hoch
Streitvermeidungseffekt	☐	☐	☐	☐	☐
Stärkung der Vergleichsbereitschaft d. Parteien	☐	☐	☐	☐	☐
Allgemeine Verfahrensbeschleunigung	☐	☐	☐	☐	☐
Beweiserleichterung im Prozess	☐	☐	☐	☐	☐

b) Gemessen am Auftragsvolumen, wie viel wären Sie bereit, für eine baubegleitende Dokumentation/ präventive Beweissicherung aufzuwenden? ___________%

8. Baustreitigkeiten

Ist Ihnen bzw. Ihrer Partei bei dem Bauvorhaben Schaden durch Streitigkeiten entstanden?

☐ ja ☐ nein

Wenn ja,
wie hoch schätzen Sie diesen Schaden ein? (bitte kreuzen Sie alles Zutreffende an!):

☐ Bauverzögerung, und zwar
☐ Bauvorhaben dauerte ca.____ % länger als geplant ☐ Zahl mir nicht bekannt
☐ Kostenanstieg (durch längere Dauer des BV, Rechtsverfolgungskosten usw.),
☐ gemessen am Auftragsvolumen ca. _______ % ☐ Zahl mir nicht bekannt
☐ Sonstiger Schaden (z.B. Rufschädigung), und zwar ______________________________

9. Gerichtsverfahren

Kam es in dem Bauvorhaben zu einem Gerichtsprozess (Hauptsacheverfahren) infolge von Parteistreitigkeiten?

☐ Ja
☐ Nein, außergerichtliche Einigung
☐ Nein, außergerichtliche Einigung nach Durchführung eines selbständigen Beweissicherungsverfahrens
☐ Nein, es gab keinen Streit

Wenn ja,
a) wie endete der Prozess?
☐ Urteil
☐ Prozessvergleich
☐ Sonstige (z.B. Einstellung), und zwar ______________________________
☐ dauert noch an

b) wie lange dauerte der Prozess?
☐ ______ Monate bzw.
☐ ______ Jahre
☐ dauert noch an

c) Hatten Sie den Eindruck, dass der Prozess durch die erforderlichen Beweisermittlungen verzögert wurde?
☐ vermutlich ja
☐ nein

Wenn ja:
– Was halten Sie für die Ursache dafür (bitte kreuzen Sie alles Zutreffende an!):
☐ Langsamkeit des Gerichtes
☐ Langsamkeit des Gutachters
☐ Komplexität des Sachverhalts
☐ Unpräzise Beweisfragen
☐ Erforderlichkeit der Wiederholung der Beweisaufnahme, da erste nicht ausreichend
☐ Erforderlichkeit der Wiederholung der Beweisaufnahme, da erste erfolgreich angefochten von einer Prozesspartei
☐ eine Folge von Verzögerungstaktik durch Prozesspartei

– Sind Sie der Ansicht, dass diese Verzögerung durch eine bessere Dokumentation des Bauvorhabens hätte signifikant verbessert werden können?
☐ Ja
☐ eventuell, bin mir nicht sicher

d) Wurde vor dem Hauptsacheverfahren zunächst ein selbständiges Beweissicherungsverfahren durchgeführt? ☐ ja ☐ nein

e) Wie wurde die vorhandene Dokumentation vor Gericht bewertet?
☐ als Beweismittel anerkannt und ausreichend
☐ als Beweismittel anerkannt, aber zu lückenhaft, daher ergänzungsbedürftig durch andere Beweismittel wie Zeugen, Sachverständigengutachten
☐ nicht als Beweismittel anerkannt
☐ keine Dokumentation vorhanden

f) Falls Sie Berater (Rechtsanwalt, Sachverständiger) oder Gerichtsgutachter sind: Gemessen am Gesamtaufwand für das Mandat (den Gutachterauftrag), wie hoch schätzen sie Ihren Aufwand für die Aufarbeitung der Dokumentation des Mandanten (der Parteien) zur Einbringung in das Gerichtsverfahren ein?

☐ mehr als 10%
☐ mehr als 20%
☐ mehr als 50%
☐ andere Bewertung __________
☐ kann ich nicht schätzen

10. Verkürzung von Gerichtsprozessen allgemein

Wie könnte Ihrer Ansicht noch einer Verzögerung des Prozesses durch erforderliche Beweisermittlungen entgegengewirkt werden? (bitte kreuzen Sie alles Zutreffende an!)
auf Seiten der Parteien:

☐ durch vorherige Durchführung eines Beweissicherungsverfahrens
☐ durch Einholung eines Schiedsgutachtens
☐ sonstige Maßnahmen, und zwar

____

auf Seiten des Gerichtes:

☐ durch bessere Bezahlung der Gutachter
☐ durch Einrichtung spez. Baukammern
☐ indem Sachverständiger ebenfalls Richterfunktionen übernimmt
☐ sonstige Maßnahmen, und zwar

____

Vielen Dank für Ihre Mitarbeit!

Susanne Fairlie
Rechtsanwältin
Doberaner Straße 5
14199 Berlin
für Rückfragen: susanne_fairlie@web.de

Fax.: 018055512263848

Falls Sie Interesse an einer Zusammenfassung der hier ermittelten Ergebnisse haben, so lasse ich Ihnen diese gerne per E-Mail zukommen. Bitte notieren Sie hierzu im folgenden Ihre E- Mail Adresse: ______________________________
Vor der Erfassung dieses Fragebogens wird dieser Abschnitt abgetrennt.
Ihre Angaben bleiben weiterhin anonym!

Anhang II – Theoretischer Hintergrund zur Indexbildung

A. Festlegung der Dimensionen des Index

Theoretisch gesehen bilden die einzelnen Dimensionen eines Begriffes die Achsen eines Raumes, der in der Sozialforschung als „Merkmalsraum“ bezeichnet wird. Wird ein Begriff beispielsweise in drei Teildimensionen zerlegt, so wird durch diese Dimensionen ein dreidimensionaler Merkmalsraum „aufgespannt“.[225]

In dem benannten Beispiel des „Schadens infolge von Baustreitigkeiten“ wurde also der Merkmalsraum durch die Achsen „Bauverzögerung“, „Kostenanstieg“ und „sonstiger Schaden“ aufgespannt (siehe Abbildung 5-1):

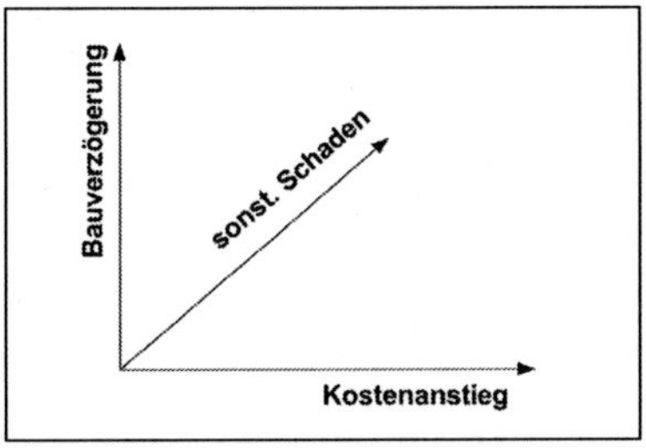

Abbildung 5-1 Merkmalsraum des Schadensindex

Jedes einzelne Objekt, auf das der untersuchte Begriff anwendbar ist, nimmt eine bestimmte Koordinate in dem Merkmalsraum ein.[226] In den benannten Beispiel des Schadensindex, der für den theoretischen Begriff „Schaden infolge von Baustreitigkeiten“ steht, lässt sich also jedes in der Untersuchung erfasste Bauvorhaben in dem Merkmalsraum anhand der Kombination der drei Variablen „Bauverzögerung“, „Kostenanstieg“ und „sonstiger Schaden“ lokalisieren.
Die Festlegung, welche Dimensionen dem jeweiligen Index zugrunde gelegt werden sollen, ist rein theoretischer Natur. Objektive Kriterien, wonach festgestellt werden könnte, ob im Einzelfall alle relevanten Dimensionen eines Begriffes

225 Schnell/Hill/Esser, Methoden der empirischen Sozialforschung, S. 161.

226 Schnell/Hill/Esser, Methoden der empirischen Sozialforschung, S. 161.

berücksichtigt wurden bzw. ob alle aufgenommenen Dimensionen auch tatsächlich relevant sind, existieren nicht. Bewertet werden kann allenfalls die Güte des theoretischen Prozesses zur Entwicklung der Dimensionen.[227]

B. Kombination der Dimensionen

Nachdem in einem ersten Schritt theoretisch erarbeitet wurde, welche Dimensionen den zu untersuchenden Begriff beschreiben und mit welchen Indikatoren diese Dimensionen gemessen werden können, muss nun im zweiten Schritt bestimmt werden, wie die erlangten Werte zu einer neuen Variablen, dem sogenannten Index zusammengefasst werden können.[228]

Um zu illustrieren, wie ein fachliches Problem durch Indexbildung mess- und auswertbar gemacht werden kann, soll folgendes Beispiel dienen:

Die Soziologen Scheuch und Daheim setzen 1961 erstmals den von ihnen entwickelten sogenannten Schichtungsindex zur Bestimmung der theoretischen Variablen „Sozialprestige" ein. Diesem legten sie die drei Dimensionen Bildung, Einkommen und Berufsposition zugrunde. Dabei setzen sie für die Berufsposition 17, bei dem Einkommen 12 und bei der Schulbildung 11 verschiedene Ausprägungen an. Damit bestand die Möglichkeit von 17*12*11=2244 unterschiedlichen Kombinationen. Ziel der Indexbildung war es, diese große Zahl so zusammenzufassen, dass zum einen eine überschaubare Menge an Werten entstand und zum anderen die Rangfolge dieser Werte mit der zu bestimmenden Variablen „Sozialprestige" übereinstimmte.[229]

Allgemein ausgedrückt, werden durch einen Index ein Teil der Kombinationen eines Merkmalsraumes zu einer neuen Kombination zusammengefasst. Deshalb kann die Indexkonstruktion auch als „Reduktion des Merkmalsraumes" bezeichnet werden. Für diese Merkmalsreduktion gibt es folgende Gründe:

1. Eine Kombination tritt nie oder nur so selten auf, so dass es nicht gerechtfertig erscheint, sie getrennt aufzuführen (sogenannte „functional reduction").
2. Einzelne Kombinationen werden durch die unterschiedliche Gewichtung der Indexvariablen zu einem Wert zusammengefasst (sogenannte „arbitrary numerical reduction").

---

227 Schnell/Hill/Esser, Methoden der empirischen Sozialforschung, S. 163.

228 Schnell/Hill/Esser, Methoden der empirischen Sozialforschung, S. 163.

229 Scheuch/Daheim, Kölner Zeitschrift für Soziologie und Sozialpsychologie, Sonderheft 5 1970, S.65 (102 f.); Schnell/Hill/Esser, Methoden der empirischen Sozialforschung, S. 163.

3. Die Zusammenfassung einzelner Kombinationen zu einem Wert ist aus theoretischen Erwägungen sinnvoll (sogenannte „pragmatic reduction").[230]

Ein Beispiel für die „functional reduction" lässt sich bei dem oben beschriebenem Schichtindex finden: Als dieser von Scheuch und Daheim entwickelt wurde, gab es noch so gut wie keine Akademikerarbeitslosigkeit. Demzufolge ist eine Kombination wie „abgeschlossenes Hochschulstudium, angelernter Arbeiter, Netteinkommen 700-799 DM" so gut wie gar nicht aufgetreten, so dass es gerechtfertigt war, diese Kombination nicht gesondert zu behandeln.[231]

Für die „arbitrary numerical reduction" kann ebenfalls ein bei der Entwicklung des Schichtindex aufgetretenes Beispiel angeführt werden: Scheuch und Daheim haben die drei Variablen Bildung, Einkommen und Berufsposition kategorisiert und mit an den Grad der Ausprägung gebundenen Punktwerten verknüpft. So bildeten sie bei den Berufspositionen 17 Gruppen von „ungelernter Arbeiter" (= 1 Punkt) bis „führender Selbstständiger" (= 30 Punkte), beim Nettoeinkommen 12 Gruppen von „unter 149 DM" (= 1 Punkt) bis „2000 DM und mehr" (= 20 Punkte) sowie bei der Schulbildung 11 Niveaus von „Volksschule, unvollständig" (= 0 Punkte) bis „Hochschule mit Abschluss" (= 20 Punkte). Wie ersichtlich ist, haben sie die Variable „Berufsposition" mit 10 Punkten mehr als die anderen beiden versehen, da sie diese Dimension für besonders prägend für das Sozialprestige hielten. Die von einer Person in den drei Dimensionen erreichten Punkte wurden dann durch Addition zum Schichtindex zusammengefasst. Für den Index wurden 6 Klassen von „untere Unterschicht" (= 0–14 Punkte) bis Oberschicht (= 50 und mehr Punkte) gebildet.[232] Durch die unterschiedlichen Gewichtung der Variablen konnte eine einzelne Koordinate des Index durch verschiedene Kombinationen eingenommen werden, so erlangen beispielsweise sowohl der höchstqualifizierte Facharbeiter (= 13 Punkte) mit einem Nettoeinkommen zwischen 1000 und 1499 DM (= 16 Punkte) und mittlerer Reife (= 9 Punkte) als auch der kleine Selbstständige (= 15 Punkte) mit einem Einkommen zwischen 1500 und 1999 DM (= 19 Punkte) und Volksschule mit Lehre (= 4 Punkte) den Wert „38" (= mittlere Mittelschicht).[233]

---

230 Lazarsfeld, Zeitschrift für Sozialforschung 1937, S. 119 (S. 127 f.) Schnell/Hill/Esser, Methoden der empirischen Sozialforschung, S. 163 f.

231 Schnell/Hill/Esser, Methoden der empirischen Sozialforschung, S. 164.

232 Scheuch/Daheim, Kölner Zeitschrift für Soziologie und Sozialpsychologie, Sonderheft 5 1970, S. 65 (103); Schnell/Hill/Esser, Methoden der empirischen Sozialforschung, S. 164 f.

233 Schnell/Hill/Esser, Methoden der empirischen Sozialforschung, S. 164 f.

Für die „pragmatic reduction“ soll folgendes Beispiel dienen: So könnte ein Index der „Zufriedenheit mit der Lebenssituation“ aus den beiden Variablen „Zufriedenheit im Beruf“ und „Zufriedenheit mit den privaten Lebensverhältnissen“ entwickelt werden. Da es nicht möglich ist, ohne genauere weitere Angaben (z. B. ob dem einzelnen eine private oder eine Zufriedenheit im Beruf wichtiger ist) eine Unterscheidung zwischen den beiden Kombinationen „beruflich zufrieden, privat unzufrieden“ und „beruflich unzufrieden, privat zufrieden“ im Hinblick auf die allgemeine „Zufriedenheit mit der Lebenssituation“ zu treffen, bietet es sich hier an, die beiden zu der einen Koordinaten „teilweise unzufrieden“ zusammenzufassen.[234]

Aus diesen Darlegungen ergibt sich, dass die Festlegung der Abfolge der Merkmalskombinationen keinen vorgegebenen Gesetzen folgt, sondern rein willkürlich vorgenommen wird und nur durch Außenkriterien begründet werden kann. Grundlage sind allein theoretische Überlegungen.[235]

Ganz simpel könnte für jede mögliche Kombination der Werte der Variablen ein eigener Indexwert in einer Tabelle vorgesehen werden („Einem XYZ-Typen entspricht ein Indexwert von 23“). Übersichtlicher und einfacher ist es jedoch, wenn eine einfache Regel entwickelt wird, mit der den einzelnen Kombinationen Indexkoordinaten zugeordnet werden können. Mögliche Rechenoperationen zur Zusammenfassung der Variablen sind unter anderem die Summierung, die Multiplikation oder die gewichtete Summierung der einzelnen Werte.[236]

Bei den meisten Indizes werden die Werte der einzelnen Dimensionen einfach addiert. Voraussetzung für einen solchen „simplen“ additiven Index ist, dass die Dimensionen alle denselben Wertebereich (zum Beispiel „0–1“ oder „1–3“) besitzen.[237]

Als Beispiel kann hier ein sogenannter Wohnungsausstattungs-Index dienen, bei dem für bestimmte Einrichtungen wie Bad, Zentralheizung u. ä. und bestimmte Geräte wie Fernseher, Telefon u. ä. bei Vorhandensein ein Punkt vergeben wird. Der Index besteht hier aus der Summe der erreichten Punkte.[238]

Bei einem additiven Index kann somit ein niedriger Punktewert bei der einen Dimension durch einen hohen Punktwert bei einer anderen Dimension ausgeglichen werden. Voraussetzung ist, dass der Untersuchung die Hypothese zugrunde

---

234 Schnell/Hill/Esser, Methoden der empirischen Sozialforschung, S. 165.

235 Schnell/Hill/Esser, Methoden der empirischen Sozialforschung, S. 165.

236 Schnell/Hill/Esser, Methoden der empirischen Sozialforschung, S. 165.

237 Schnell/Hill/Esser, Methoden der empirischen Sozialforschung, S. 165.

238 Schnell/Hill/Esser, Methoden der empirischen Sozialforschung, S. 166.

liegt, dass die einzelnen Dimensionen den Index jeweils weitgehend unabhängig voneinander beeinflussen.[239]

In einigen Fällen haben die einzelnen Dimensionen jedoch unterschiedliche Bedeutung für den durch den Index definierten Begriff. Hier ist es sinnvoll, die Indikatoren unterschiedlich gewichtet in den Index eingehen zu lassen. Dieser wird dann als gewichteter additiver Index bezeichnet und berechnet sich wie folgt:
Index = a*Indikator1 + b*Indikator2 + ... + n*IndikatorN[240]

Die Größen a, b bis n stellen dabei die Gewichte dar. Die Werte dieser Gewichte können durch theoretische Analysen oder empirische Untersuchungen bestimmt werden.[241]

In der vorliegenden Untersuchung wurde beispielsweise der einer Partei infolge von Baustreitigkeiten entstandene Schaden durch die drei Indikatoren „Kostenanstieg", „Bauzeitverlängerung" und „sonstiger Schaden" gemessen. Da der „sonstige Schaden" nur schwer quantifizierbar war, wurde er nur mit 20 % gewichtet in den Schadensindex einberechnet. Die anderen beiden Indikatoren wurden dagegen beide als gleich stark angesehen und daher jeweils mit 40 % angesetzt.

Eine weitere Möglichkeit ist die Kombination der Variablen über die Mittelwertbildung. Hierzu werden die einzelnen Werte ebenfalls addiert, dann jedoch die Summe der festgestellten Werte durch die Anzahl der Werte dividiert.[242]

Damit lautet die Formel wie folgt:
Index = (Indikator1+Indikator2+Indikator3+...+Indikator n)/n

In den Fällen, in denen wie im Beispiel des Schadensindex eine Gewichtung erforderlich war, wurden die einzelnen Indikatoren gewichtet und dann erst addiert. Im Rahmen dieser Arbeit geschah die Indexbildung immer über prozentuale, gewichtete Größen mit prozentualen Gewichtungsfaktoren, wobei deren Summe immer 100 % ergab. Somit vereinfachte sich die Indexberechnung zu:

Index = (a*Indikator1+b*Indikator2+ ... +n*IndikatorN), wobei a + b + ...+ n = 100 % und die Einheit der Indikatoren % waren.

239 Schnell/Hill/Esser, Methoden der empirischen Sozialforschung, S. 166.

240 Schnell/Hill/Esser, Methoden der empirischen Sozialforschung, S. 167.

241 Schnell/Hill/Esser, Methoden der empirischen Sozialforschung, S. 167.

242 Schnell/Hill/Esser, Methoden der empirischen Sozialforschung, S. 168.

Der juristische Verlag
lexxion
Berlin
www.lexxion.de

Die Schriftenreihe *„Praxis und Theorie des Bau- und Immobilienrechts“* wird herausgegeben von Professor Dr. Rainer Schröder, Humboldt-Universität zu Berlin.

Bislang sind erschienen:

Christoph Morgen
Mitwirkungshandlungen des Auftraggebers im VOB/B-Vertrag
VIII, 208 Seiten · 2005 · ISBN 10: 3-936232-64-4 · ISBN 13: 978-3-936232-64-6 · Band 1

Jens Döhler
Gewährleistungsbürgschaften auf erstes Anfordern in AGB von Bauauftraggebern
V, 152 Seiten · 2005 · ISBN 10: 3-936232-67-9 · ISBN 13: 978-3-936232-67-7 · Band 2

Alexander Holmer
Die Gesellschaft bürgerlichen Rechts als Grundlage geschlossener Immobilienfonds
XII, 208 Seiten · 2006 · ISBN: 978-3-936232-85-1 · Band 3

Daniel Fitterer
Systemrisiko und Erfolgsverpflichtung im Baurecht
V, 135 Seiten · 2006 · ISBN: 978-3-936232-86-8 · Band 4

Juliane Reichelt
Die „Zwei-Fronten-Stellung“ des Generalunternehmers im Lichte der Verjährungsproblematik
VI, 184 Seiten · 2007 · ISBN: 978-3-939804-09-3 · Band 5

Dirk Winkler
Die Pflicht des Notars zur Belehrung über steuerrechtliche Folgen und zur steueroptimierten Urkundsgestaltung
X, 220 Seiten · 2007 · ISBN: 978-3-939804-21-5 · Band 6

Alexandra Dinale
Architekt – Sachwalter des Bauherrn
X, 164 Seiten · 2007 · ISBN: 978-3-939804-22-2 · Band 7

Karola Knauthe
Rechtliche Rahmenbedingungen für die Privatisierung von öffentlichen Wohnungsbaugesellschaften in deutsche REITs
XI, 254 Seiten · 2007 · ISBN: 978-3-939804-23-9 · Band 8

Birgit Topp-Blatt
Die Verfahren zur Vergabe öffentlicher Aufträge
IX, 173 Seiten · 2008 · ISBN: 978-3-939804-59-8 · Band 9

Susanne Gunia
Grenzüberbau und Akzessionsprinzip
XIII, 258 Seiten · 2008 · ISBN: 978-3-939804-67-3 · Band 10

Mira Meyer
Ökologische Zielsetzungen des Mietrechts
XIII, 211 Seiten · 2009 · ISBN: 978-3-939804-70-3 · Band 11

Sara Sotelo-Lubig
Doppeltätigkeit des Immobilienmaklers
XII, 212 Seiten · 2009 · ISBN: 978-3-939804-77-2 · Band 12